Corriendo por el filo de la navaja

Corriendo por el filo de la navaja

Consejos espirituales de
Swami Ramakrishnananda Puri

Mata Amritanandamayi Center, San Ramon
California, Estados Unidos

Corriendo por el filo de la navaja
Consejos espirituales de Swami Ramakrishnananda Puri

Traducción del inglés de Patricio Hernández Pérez

Publicado por
Mata Amritanandamayi Center
P.O. Box 613
San Ramon, CA 94583
Estados Unidos

———————— *Racing along the Razor's Edge (Spanish)* ————————

Primera edición por MA Center: septiembre de 2016

En España: www.amma-spain.org
fundación@amma-spain.org

En la India:
inform@amritapuri.org
www.amritapuri.org]

sarva śruti śiroratna
virājita padāṁbujaḥ
vedāntāmbuja sūryo yaḥ
tasmai śrī gurave namaḥ

*Los pies de loto del Gurú brillan como gemas que son
revelaciones de las Escrituras. El Gurú es el Sol que
hace florecer el loto de la sabiduría vedántica. Ante
ese Gurú, me postro con reverencia.*

– Guru Gita, versículo 68

*Ofrezco humildemente este libro a los pies de loto de mi amada
Satgurú, Mata Amritanandamayi Devi*

Índice

Prefacio   **10**

Sri Mata Amritanandamayi: Introducción   **13**
Una breve presentación de su vida   14
El ashram de Amritapuri   17
Las giras mundiales   18
El darshan de Amma   19

1. La causa de todos los sufrimientos   **21**
El problema fundamental   21
Deseos   23
Expectativas   24
Tendencias negativas   25
La falta de conciencia sobre el mundo cambiante   27
La búsqueda de felicidad en el lugar equivocado   28
Apegarse a los valores inapropiados   30
La ley del karma   33
La naturaleza del sufrimiento y el dolor   36
El ego   37

2. Las cadenas del condicionamiento   **41**
Comprender el condicionamiento   41
Desarrollar un condicionamiento positivo   43

3. Romper las cadenas del condicionamiento   **45**
Aprender de la adversidad   45
Domar al elefante salvaje   49
Las cambiantes emociones, el inmutable amor   53

4. El amor de Amma   **55**
El propósito de la vida de Amma   55
El amor de Dios en un cuerpo humano   56
Afecto   59

Verdad y Amor 65

Sensibilidad Sutil 68

5. La importancia de tener un Gurú 73

¿Por qué necesitamos un Gurú? 73

El significado de "Gurú" 75

Una fuente de conocimiento espiritual 76

Un ejemplo de amor desinteresado 78

Presencia curativa 80

Una manifestación de la compasión de Dios 81

Una oportunidad de sentir a Dios 85

Una oportunidad para aprender sobre nosotros 88

El valor del prasad 91

La omnisciencia de Amma 94

6. Despertar y desarrollar nuestro potencial espiritual 99

Elevarte con tu propio Ser 99

La mente aislada 101

El que percibe, la percepción 104

El amor desinteresado de un Satgurú 106

La importancia de la práctica espiritual 111

La aproximación equilibrada 112

7. Preparación para la meditación 116

Om Shanti, Shanti, Shanti 116

Aquietar las perturbaciones internas 119

Integración del mundo interior y exterior 120

Entrenar la mente para permanecer en el presente 122

Actitud y acción 123

8. El camino de la devoción 126

Cuatro clases de devotos 126

Cualidades de un auténtico devoto 128

Todo es voluntad de Dios 132

9. El camino de la acción	134
Comprender y aceptar con desapego	134
Ejercitando la mente	137
Callejón sin salida	140
Convertir el trabajo en una adoración	141
La actitud y comprensión correctas	144
Percibir a Dios en todas las cosas	148
10. El camino del conocimiento	153
La naturaleza de la mente	153
Práctica y ecuanimidad	155
Fuerza espiritual	157
Tres caminos para el despertar espiritual	160
Los beneficios de alcanzar el Estado de Yoga	161
11. El cumplimiento del deber	168
El deber mantiene la armonía	168
El poder de los hábitos	173
Siete votos por semana	176
Dedicar nuestras acciones al Gurú o a Dios	180
El papel del Mahatma en restaurar la armonía	181
El arma de Amma	182
12. El poder del amor	185
El amor sólo da	185
El amor transforma	185
Amma rompe una regla del ashram	187
No cantidad, sino calidad	189
13. Renunciación	193
El regalo que Amma más aprecia	193
El auténtico espíritu de renuncia	195
Muchas oportunidades para practicar renuncia	198
Formas habituales de renuncia	199
La grandeza del auténtico sacrificio	201

14. La gracia de Dios   **204**
El esfuerzo correcto nos trae la gracia   204
Del egoísmo al altruismo   207
Maestros y Avatares   211
Un Maestro es como la primavera   213

15. Purificar la mente   **223**
Sacrificio, caridad y penitencia   223
El valor de la paciencia   227
Reverenciar los pies del Gurú   228
Gratitud   230

16. El barrendero del mundo   **233**
Barriendo nuestras mentes   233
El maestro prevé el futuro   234
La vida en el ashram   240
Una bendita oportunidad   244

Glosario   **247**

Prefacio

uttiṣṭhata jāgrata
prāpya varānnibodhata
ksurasya dhārā niśitā duratyayā
durgaṁ pathastat kavayo vadanti

*Levántate, despierta, acércate a los Grandes Maestros y
vuélvete iluminado.*
*Arduo es el camino, tan difícil como caminar por el filo
de una navaja; tenlo bien presente.*

— *Katha Upanishad*, capítulo I, canto 3, versículo 14

Este versículo de las Escrituras hinduistas es apropiado para cualquier camino espiritual. Aunque hay millones de buscadores en todo el mundo, sólo unos pocos alcanzarán la meta. A las personas de esta sociedad moderna les resulta muy difícil cruzar el océano de los placeres sensuales y de los deseos materiales.

Bucear en la espiritualidad, tras la lectura de unos cuantos libros, es como si un niño intentara operarse con un cuchillo afilado. Sin embargo, no hay motivo para el desaliento, pues todo lo que adquirimos a lo largo del camino es siempre de valor, y no importa lo largo que sea este camino.

Afortunadamente, la gracia de Dios se ha encarnado sobre la Tierra en una forma material para guiarnos a través de la oscuridad. Conocida entre sus hijos como Amma o Madre, Sri Mata Amritanandamayi Devi nos enseña a caminar por el filo de la navaja (la senda espiritual) sin cortarnos ni caernos. Con la ayuda y guía amorosa de esta maestra compasiva y suprema que es Amma, podemos incluso correr por la senda espiritual. Valorar si este libro va destinado a un buscador avanzado, que vive en un monasterio, o bien a alguien que no tiene ningún interés por la espiritualidad, dependerá de cada lector. En cualquier caso, el libro se dirige principalmente a aquellos que desean gozar de paz interior y sentirse felices mientras viven en sociedad.

Ojalá disfrutéis con la lectura de este libro y seáis bendecidos con un intenso anhelo por experimentar la presencia interior de la Madre eterna.

– Swami Ramakrishnananda Puri
Amritapuri, 27/9/2003

Sri Mata Amritanandamayi: Introducción

"Una continua corriente de Amor fluye de mí hacia todos los seres del cosmos. Esa es mi naturaleza innata."

– Amma

En el estado de Kerala, al suroeste de la India, y sobre una pequeña península, bañada por el Mar Arábigo y las lagunas de Kayamkulam, se encuentra el ashram de Amritapuri. Este ashram ha sido santificado por la presencia de Sri Mata Amritanandamayi Devi, Madre Divina y reverenciada *Satgurú* de millones de personas de todo el mundo.

Ante todos los seres de esta época, que carecen de una viva fe o están sedientos de puro amor, Amma se presenta como una lluvia torrencial de amor divino. Aunque establecida en la inquebrantable experiencia de la verdad suprema, ella acepta a todo el mundo como su propio Ser. Mientras asume el sufrimiento de la humanidad en su regazo, alivia nuestro dolor y nos da esperanza, ella disipa la oscuridad de nuestros corazones y nos guía por el camino hacia la perfección y la dicha permanente.

A lo largo de casi tres décadas de incansable sacrificio, Amma ha aconsejado y consolado a millones de personas de todas las clases sociales de todo el mundo. Amma enjuga las lágrimas de cada persona con sus propias manos y elimina el peso de su sufrimiento. La compasión, ternura y profunda atención que muestra hacia todos, su carisma espiritual, inocencia y encanto tan naturales en ella, son únicos e inconfundibles.

Como encarnación de todo lo que ella enseña, Amma dedica cada momento de su vida a aliviar la carga de la sufriente humanidad. Por medio de canciones devocionales, de sencillas charlas repletas de importantes e intensas historias, o por el ejemplo de su propia e incomparable vida, Amma está conquistando el corazón de todo el mundo.

Una breve presentación de su vida

En la mañana del 27 de septiembre de 1953, en la aldea de Alappad situada en la costa oeste de Kerala, nació una niña. Sus padres le pusieron por nombre Sudhamani. No vino al mundo llorando como suelen hacer los bebés, sino con una alegre sonrisa en su cara, como si profetizara la alegría y la dicha que ella iba a traer al mundo. Desde los primeros años de su infancia, ella fue plenamente consciente de su auténtica naturaleza pero, como el juguetón Krishna, prefirió actuar como una niña traviesa. Más tarde sorprendería a sus padres recordando cada uno de los incidentes que tuvieron lugar durante los primeros meses de su vida.

Si bien su nacimiento fue divino, Sudhamani consagró su infancia y juventud a hacer práctica espiritual para ofrecer al mundo un ejemplo vivo de dedicación. Aunque era una niña, la encontraban a menudo absorta en profunda meditación, totalmente ajena de sí misma y de lo que la rodeaba. A los cinco años ya había compuesto canciones devocionales dedicadas al Señor Krishna, rebosantes de intenso anhelo y, a menudo, de un profundo sentido místico. Olvidada de sí misma por su amor hacia el Señor, derramaba su corazón y su alma en estas melodías. Su dulce voz se convirtió en una fuente de dicha para los habitantes de la aldea.

Cuando Sudhamani tenía nueve años, su madre enfermó y el peso de todas las tareas domésticas recayó sobre ella, viéndose obligada a abandonar la escuela. Sudhamani realizó todos los trabajos sin una sola queja y ofreciendo alegremente al Señor cada momento de su larga y dura jornada, como si se tratara de una plegaria. Ella aceptó con entusiasmo cada obstáculo y cada golpe que le propinaba su familia, encontrando consuelo y apoyo únicamente en el recuerdo constante de su bienamado Señor Krishna. Cuando acababa su trabajo a medianoche, en lugar de irse a dormir, Sudhamani dedicaba una buena parte del resto de la noche a meditar, cantando y rezando al Señor.

Otra cualidad que se manifestó claramente en Sudhamani desde su tierna edad fue su amor y compasión hacia los demás seres humanos. Como parte de su tarea doméstica, Sudhamani solía visitar las casas del vecindario para recoger comida sobrante con destino a las vacas de su establo familiar. En las casas de sus vecinos escuchaba con paciencia muchas historias dolorosas, especialmente de los ancianos que le contaban cómo eran abandonados o maltratados por sus propios hijos y por sus nietos. A través de estas historias, Sudhamani observó que los mismos hijos, que de niños rezaban por la salud y la vida de sus padres, ahora, una vez adultos, renegaban de ellos cuando los veían viejos y achacosos. Comprobó que el amor mundano siempre conlleva algún motivo egoísta. Aunque sólo era una niña, Sudhamani hacia cuanto podía por aliviar el sufrimiento de sus ancianos vecinos. Les lavaba la ropa, los bañaba e incluso les llevaba comida y ropa de su propia casa. Esta costumbre de llevarse cosas de su propio hogar le ocasionaba muy a menudo grandes problemas. Sin embargo, ningún castigo podía detener la expresión de su compasión innata. Sudhamani le decía a sus padres. "El verdadero propósito de haber asumido este cuerpo es para sufrir por la ignorancia de los demás."

Cuando Sudhamani llegó a la adolescencia, su amor por el Señor alcanzó proporciones indescriptibles. Sus éxtasis se hicieron cada vez más frecuentes. Danzaba y cantaba llena de gozo, embriagada de Dios y totalmente ajena al mundo. A los ojos de Sudhamani, todo el Universo estaba sólo impregnado de Krishna. Ella no tardó mucho tiempo en entrar en una profunda unión mística con su Señor, una unión tan completa que ya no podía distinguir entre Krishna y ella misma.

Un día tuvo una gloriosa visión de la Madre Divina del Universo. Esta experiencia fue seguida por un continuo estado de éxtasis divino. Día y noche estaba inmersa en constante anhelo por unirse con la Madre Divina. Su familia y muchos de sus vecinos eran incapaces de comprender los estados sublimes de Sudhamani y empezaron a atormentarla, utilizando todos los medios posibles. Al final fue obligada a abandonar su hogar y a vivir bajo las estrellas. El cielo fue su techo, la tierra su cama, la luna la lámpara de noche y la refrescaba el océano con su brisa.

Cuando fue rechazada por su familia y vecinos, fueron los pájaros y demás animales quienes cuidaron de ella, la acompañaron y se convirtieron en sus fieles amigos. Los animales le llevaban comida y le ofrecían amorosamente todo lo que podían.

Sudhamani pasó meses y meses inmersa en la más rigurosa y austera práctica espiritual. Todo su ser ardía de amor y anhelo por la Divinidad. Besaba la tierra y abrazaba los árboles, percibiendo a la Madre Divina en cada uno de ellos. Lloraba al sentir la brisa, pues sentía que la acariciaba la Madre Divina. A menudo, la encontraban inmersa en *samadhi* durante horas o incluso varios días, sin mostrar ningún signo de conciencia externa. Sus prácticas espirituales culminaron con la total disolución de su ser personal en la Divina Madre del Universo. En su canción "Ananda Vithi", Amma describe su experiencia del siguiente modo: "Sonriendo, la Madre Divina se transformó en una gran refulgencia y emergió en mí. Mi mente floreció y quedé bañada en múltiples tonos de luz de la Divinidad... A partir de aquel momento, vi que no había nada separado de mi propio Ser..."

Ella se percató de que "el Universo entero existe como una pequeña burbuja dentro de mi Ser." El todo-penetrante y primordial sonido "Om" brotó espontáneamente de su ser interior.

Sudhamani experimentó que todas las formas de Dios son manifestaciones del único *Atman*.

Más tarde, cuando se le preguntó sobre sus conmovedoras canciones devocionales y sobre la necesidad de realizar intensas austeridades durante aquellos primeros años, Amma contestó: "¿Acaso no adoraron Rama y Krishna al Señor Shiva y a Devi, aunque fueran *Avatares*? Nadie que haya nacido con plena conciencia declara en su infancia: "Yo soy Brahman", pues esto implicaría que la otra persona no es Brahman. Cuando una persona alcanza la unidad con lo Absoluto ¿con quién y sobre qué puede hablar? Ese estado está más allá de las palabras o de cualquier posible descripción. Si deseas comunicarte con alguien que es sordomudo, no puedes hablarle con tu propio lenguaje, sino con el lenguaje de signos que él emplea. Aunque utilices el lenguaje de signos, eso no significa que seas sordomudo. De igual modo, los *Avatares* pueden someterse a severas austeridades, pero eso no implica que ellos realmente necesiten hacerlo. Sólo lo hacen para servir de ejemplo al mundo."

El ashram de Amritapuri

Tras su periodo inicial de intensas austeridades, Amma se dedicó por completo a servir a los pobres y a los que sufren, y a difundir su mensaje espiritual. Empezó recibiendo a un gran número de personas que acudían a ella para recibir su bendición, y el lugar donde nació se convirtió en un ashram. Muy pronto se unieron muchos discípulos jóvenes y ella empezó a formarlos de acuerdo con la tradición *sannyas* [de los monjes renunciantes] de la India. Se le otorgó el nombre monástico de "Mata Amritanandamayi" aunque se le seguía conociendo popularmente como Amma. El que fuera un pequeño ashram se ha convertido ahora en el centro operativo de su misión internacional. Miles de devotos se acercan al ashram cada día para recibir su *darshan*, y unos dos mil aspirantes espirituales residen allí permanentemente, consagrados a la práctica espiritual y al servicio desinteresado, bajo la guía directa de Amma.

Las giras mundiales

Amma ha viajado regularmente a muchos países desde 1987. Ha dirigido miles de programas espirituales en todo el planeta, expandiendo su mensaje de amor y espiritualidad. Cada año visita unos veinte países. En occidente, la prensa suele describir a Amma como la "Santa de los abrazos". Los programas de Amma reciben una amplia cobertura por los medios televisivos y la prensa escrita de cada país que visita.

En 1993, el Parlamento de las Religiones del Mundo, celebrado en Chicago, decidió que Amma ocupara una de las tres presidencias que corresponden a la espiritualidad hindú. Ese mismo año, el periódico internacional *Hinduism Today* que trata sobre la cultura de la India, otorgó a Amma el Premio al Renacimiento Hindú. En 1995, Amma fue invitada a hablar en el encuentro interfé que se celebró en Nueva York con motivo del 50 aniversario de las Naciones Unidas. En el año 2000, durante la Cumbre Milenaria por la Paz Mundial, ofreció ante la Asamblea General de la ONU un gran discurso sobre el papel que desempeñan las religiones en la resolución de conflictos. Con otro destacado discurso sobre la condición y la capacidad de las mujeres, titulado "El despertar de la Maternidad Universal", Amma se dirigió, en octubre de 2002, a los asistentes en la Iniciativa por la Paz Global de Mujeres Religiosas y Guías Espirituales, reunidos en la sede de las Naciones Unidas de Ginebra. En esa ocasión se le otorgó el prestigioso premio Gandhi-King a la No-violencia.

Anteriormente lo habían obtenido el Presidente de Sudáfrica, Nelson Mandela, el Secretario General de Naciones Unidas, Kofi Annan, y la famosa primatóloga y mensajera de la paz de Naciones Unidas, la doctora Jane Goodall.

El darshan de Amma

El término sánscrito *darshan* significa "visión" y se utiliza para describir el encuentro con una persona santa, especialmente un Maestro Auto-Realizado. El *darshan* de Amma es único. Como encarnación de la suprema maternidad, acoge a todos los que acuden a ella, escucha sus problemas, les ofrece consejo y alivia sus penas. En ocasiones especiales, Amma manifiesta su identificación con Devi (la Madre Divina) y a ese *darshan* se le denomina *Devi bhava*.

Al principio, Amma también solía dar *darshan* en *Krishna bhava*.

Respecto al significado y valor del *bhava darshan*, Amma dice: "Todas las deidades del panteón hindú, que representan los innumerables aspectos del Único Ser Supremo, existen dentro de nosotros. El que esté establecido en la divinidad podrá manifestar cualquiera de ellas por su propia voluntad y para el bien del mundo. *Krishna bhava* es la manifestación del aspecto del Ser Puro, y *Devi bhava* es la manifestación de lo Femenino Eterno, la Creadora, el principio activo de lo Impersonal Absoluto. No obstante, se debería recordar que todos los nombres y formas son meras proyecciones mentales. ¿Por qué debe llevar un abogado una toga negra o un policía un uniforme y una gorra? Todo esto no es más que un medio externo para crear un cierto sentimiento o impresión. De forma similar, Amma porta el traje de Devi con el fin de reforzar la actitud devocional de la gente que acude al *darshan.* La intención de Amma es la de ayudar a las personas a alcanzar la Verdad, el *Atman* o el Ser que está tanto en ti como en mí. Si puedes realizar el Principio Indivisible que siempre brilla en ti, te convertirás en Eso."

Capítulo 1

La causa de todos los sufrimientos

El problema fundamental

La vida para muchas personas es una constante lucha por encontrar soluciones a innumerables problemas que nos causan sufrimiento. De acuerdo con las Escrituras hindúes, la ignorancia de nuestro propio Ser es la causa de todos los sufrimientos. Somos la Conciencia Suprema, pero nos consideramos un conjunto formado por el cuerpo, la mente y el intelecto. Ciertamente, cualquier cosa que le sucede al cuerpo, a la mente o al intelecto, no afecta para nada a la Conciencia eterna que les da vida. En la Bhagavad Gita, la Conciencia eterna, Atman o Ser se describe como:

> nai'naṁ chindanti śastrāṇi nai'naṁ dahati pāvakaḥ
> na cai'naṁ kledayanty āpo na śoṣayati mārutaḥ
> acchedyo 'yam adāhyo 'yam akledyo 'śoṣya eva ca
> nityaḥ sarvagataḥ sthāṇuḥ acalo 'yaṁ sanātanaḥ

> *Las armas no la hieren, el fuego no la abrasa, el agua no la moja, el viento no la seca. Este (Ser) es eterno, omnipresente, estable, inconmovible y primordial.*

> – *Bhagavad Gita*, capítulo II, versículos 23 - 24

Nosotros solo nos centramos en cubrir las necesidades de este organismo complejo a causa de nuestra incorrecta identificación con el cuerpo y la mente. Esta identificación crea una gran cantidad de deseos en nosotros. Aunque no podamos satisfacerlos todos, ese anhelo está siempre presente. Esos deseos insatisfechos nos causan, a menudo, sufrimiento.

También generamos expectativas que a lo largo de nuestra vida irán extendiéndose. Desgraciadamente, el resultado no siempre se ajusta a lo que esperábamos. Podemos desear casarnos con una persona determinada, tener éxito en nuestro trabajo o que nuestro hijo sobresalga en sus estudios. Cuando nuestras expectativas no se satisfacen, nos sentimos infelices.

El apego también cumple su papel en el sufrimiento. Por ejemplo, cuando valoramos demasiado la acumulación de dinero y de objetos materiales, nos sentimos apegados a esos objetos, y ciertamente sentimos dolor cuando nos roban el coche, fracasa nuestra inversión o sufrimos cualquier otra clase de pérdida material.

La tendencias negativas como egoísmo, lujuria, ira, avaricia y celos, afectan nuestras decisiones y acciones, incrementando la probabilidad de sentir angustia y desdicha.

Por si eso no fuera suficiente causa de dolor, las decisiones indiscriminadas y los resultados de las acciones incorrectas (mental, verbal o físicas), pueden producir un *karma* negativo que, al final, será causa de sufrimiento en esta u otra vida futura.

De hecho, somos nosotros los que nos causamos dolor. Dios no crea sufrimiento. Realmente, Dios ha creado un mundo maravilloso y nuestra mente hace que sea diferente. Sobre esta cuestión Amma nos cuenta una historia.

Dos hombres estaban sentados en un jardín, junto a un rosal. Mientras miraban las rosas completamente abiertas, uno de ellos empezó a pensar: "¡Qué rosas más maravillosas! Si le diera una a mi novia, se sentiría muy feliz. Seguro que me mostraría una bella sonrisa." Inmerso en tales pensamientos, el hombre permaneció allí mirando intensamente las rosas, ajeno a todo lo demás.

El otro hombre que estaba sentado allí, por el contrario, se sintió muy molesto al ver las mismas rosas. Reflexionaba de esta manera: "Cuántas rosas como éstas le he dado a mi novia, y a pesar de ello me traicionó y me dejó por otro hombre. Nunca la perdonaré por lo que me hizo." Con tan amargos pensamientos en su mente, se sintió molesto con las flores y las pisoteó hasta destrozarlas. Después, esperando encontrar algo de sosiego, fue en busca de un bar.

Sólo la mente es la causa de nuestra esclavitud y falta de libertad. Debemos disciplinar la mente a fin de encontrar paz, alegría y libertad.

No es fácil convertir el sufrimiento en felicidad a través de nuestro esfuerzo, pero un *Satgurú* (un auténtico maestro) puede ayudarnos a vencer la negatividad que nos causa dolor.

Deseos

Todos tenemos deseos, pero pueden ser satisfechos o no. En respuesta a la pregunta de por qué no se satisfacen todos nuestros deseos, Amma nos dice: "Si todo sucediera como deseáramos, se perdería la armonía de la creación."

Los médicos quieren tener más pacientes, pero nadie quiere estar enfermo. Si los abogados desean tener más clientes, se tendrían que producir más delitos, accidentes y disputas. Sin embargo, todos queremos una sociedad más unida y pacífica. Los propietarios de bares quieren que cada vez haya más gente que beba para incrementar sus ganancias, pero los padres no desean que sus hijos beban.

Nadie quiere morir, algunos hasta desean que sus cuerpos se congelen criogénicamente para que, en el futuro, cuando la ciencia permita transformar la muerte en vida, ellos puedan reasumir sus vidas. Sin embargo, los fabricantes de féretros ruegan para que prospere su negocio.

Si se cumplieran todos los deseos, no habría orden en el planeta, solo caos y disonancia. De hecho, gracias a que algunos deseos no se cumplen, tenemos alguna armonía en el mundo.

También se debe señalar que toda la felicidad que obtenemos de los objetos externos no es más que una felicidad prestada, pues la felicidad no está en los objetos en sí. Realmente, la felicidad que creemos que se deriva de esos objetos sólo es un reflejo de la felicidad que hay en nuestro interior. Por eso los niños suelen ser felices con objetos triviales.

Expectativas

Las expectativas pueden causar sufrimiento por diferentes razones. Si nuestras expectativas no se cumplen, nos sentimos decepcionados. En algunas personas, la decepción conduce a la ira. En otras, les causa frustración o depresión.

Aunque nuestras expectativas se cumplieran, también nos generarían sufrimiento. Si una expectativa se cumple, se incrementan nuestros deseos con nuevas expectativas que también deseamos que se cumplan. De este modo, nuestra ambición y deseos crece y adquiere más fuerza. El sufrimiento que experimentamos se corresponde con la fuerza de nuestros deseos y expectativas.

Eso no significa que no debamos tener ninguna expectativa, sino que nos mantengamos inalterados cuando no se cumplan nuestras expectativas.

Una acción puede producir varios tipos de resultado. Por ejemplo, supongamos que nos vemos afectados con una enfermedad. Podemos tomar medicinas para curarnos. En lugar de creer, sin más, en que la medicina restablecerá nuestra salud, deberíamos estar totalmente preparados para alguno de los siguientes resultados:

1) Que la enfermedad se cure completamente.
2) Que la enfermedad se cure parcialmente.
3) Que la enfermedad no se cure.
4) Que desarrollemos una alergia, que tengamos alguna complicación o se produzca un efecto colateral al tomar la medicina.

En otras palabras, el resultado de una acción puede ser:

1) Como esperábamos.
2) Más de lo que esperábamos.
3) Menos de lo que esperábamos.
4) Que no produzca ningún resultado.
5) Que surja algo totalmente diferente a lo que esperábamos.

Si esperamos algo, debemos contar con todas las posibilidades que acabamos de señalar. Tenemos que estar preparados para enfrentarnos a alguno de estos resultados. La asimilación de esta idea indica realmente madurez. Inmadurez es no estar preparados para aceptar cualquier hecho que suceda.

Físicamente, todos nosotros somos maduros. También tendríamos que serlo mental y emocionalmente. Amma dice que nuestros cuerpos crecen a lo ancho y a lo alto, pero no nuestras mentes. Necesitamos esforzarnos para desarrollar esa madurez mental y emocional.

Tendencias negativas

De vez en cuando, todos mostramos tendencias negativas. Por mucho que intentemos ser afectuosos, suelen aflorar rasgos negativos como la impaciencia, la avaricia, los celos, la ira, la cabezonería, el resentimiento, la ansiedad o la arrogancia. Estos rasgos son muy perjudiciales para nuestro bienestar y nuestras relaciones personales. Cuando la mente se altera a causa de estas tendencias negativas, no solemos actuar ni adoptar decisiones con buen criterio.

Generalmente, hay cuatro tipos de personas:

1) Aquellas en las que se da un gran cúmulo de agitación y negatividad, pero que no son conscientes de ello. Esas personas creen que no hay nada incorrecto en sí mismas. Como se suele decir: "La ignorancia es dicha".

2) Aquellas que saben que hay negatividad en su interior, pero no ven razón alguna o necesidad de eliminarla. Aunque tal vez aprendan a vivir con ella, continuarán sufriendo, acumulando ira, resentimiento y otros rasgos negativos. Esas emociones constituyen un problema, tanto para ellos como para los que les rodean.

3) Aquellas que saben que hay bastante negatividad en sus mentes y quieren eliminarla. No desean vivir con estos problemas, quieren disfrutar de paz mental, de tranquilidad y quietud. Por tanto, intentan eliminar su negatividad. Sólo este grupo procura realizar prácticas espirituales: meditación, plegarias, estudio de las Escrituras o se aproxima a un Maestro.

4) Y, excepcionalmente, hay un número reducido de personas, los Mahatmas[1] que, como Amma, han trascendido completamente todas las cualidades negativas de la mente. De hecho, no tienen una mente egocéntrica, pues sus mentes son una con la Mente Universal. Para ellas no hay problemas.

Todos sabemos que es dañino para nosotros y para los demás sentir ira, resentimiento o ansiedad. Intelectualmente, sabemos que es destructivo, pero no tenemos la fuerza mental o la preparación para superar esas tendencias negativas.

---

[1] Un Mahatma es una persona Realizada en Dios (Auto-Realizada), pero puede que no esté interesada en guiar a los demás por el camino espiritual, tal como lo hace un Satgurú. Todos los Satgurús son Mahatmas, pero no todos los Mahatmas deciden ser Satgurús.

Todas las prácticas espirituales que hacemos van encaminadas a adiestrar la mente para vencer nuestra negatividad. Desgraciadamente, la mayoría de nosotros no preparamos nuestra mente; más bien ha sido nuestra mente la que nos ha preparado a nosotros, y las tendencias negativas han asumido el control.

Incluso cuando estamos en la poderosa presencia de Amma, pensamos a menudo que algo o alguien nos está molestando. He oído cómo algunos devotos le decían a Amma: "Estar en tu presencia es la mejor oportunidad para meditar; pero, aun estando en tu presencia, no siempre soy capaz de meditar adecuadamente."

La falta de conciencia sobre el mundo cambiante

Imagina que recibes una llamada telefónica. Nada más descolgar el teléfono y escuchar las primeras palabras de la persona que llama, descubres quién está al otro lado. Si es tu compañero o esposa, puedes decir algo así: "Hola querido, ¿cómo estás? ¡Te echo mucho de menos!" Pero si la persona que está al otro lado es tu jefe, no le dirás lo mismo. Si le hablaras así, podría incluso llegar a despedirte.

Sucede lo mismo con los diferentes objetos y situaciones de este mundo. Para relacionarnos adecuadamente, debemos conocer la naturaleza de los objetos, las personas y situaciones con las que vamos a relacionarnos.

Las cuestiones complejas, las actitudes, los objetos y las situaciones son siempre cambiantes. Hoy podemos tener un bonito coche y un ordenador, pero tal vez mañana no sean más que chatarra. De igual forma, las personas no mantienen una actitud constante. Una persona puede ser hoy nuestro mejor amigo, y convertirse mañana en nuestro peor enemigo.

La búsqueda de felicidad en el lugar equivocado

Nadie dice: "Quiero ser feliz sólo por la mañana, y no me importa ser infeliz por la tarde." Ni tampoco nadie dice: "Quiero ser feliz sólo cuando esté en el trabajo, y no cuando esté en casa," o "Quiero ser feliz sólo cuando conduzca mi coche." En otras palabras, queremos tener felicidad permanente, ilimitada e incondicionada, con independencia del tiempo, del lugar o de los objetos. No obstante, siempre buscamos la felicidad en otras personas, objetos y circunstancias, que son cambiantes y perecederos, dada su propia naturaleza. Resulta totalmente ilógico esperar felicidad permanente e inmutable de algo que es cambiante.

No son esos objetos los que nos darán la felicidad. Puede que nos hagan felices momentáneamente, pero la felicidad que nos ofrecen es accesoria y no intrínseca. Un objeto puede hacer feliz a una persona en un determinado momento o en una situación concreta, pero no de forma permanente ni para siempre. Si nos compramos un nuevo modelo de coche que nos entusiasme, probablemente nos sintamos felices con él, igual que cuando lo conduzcamos o pensemos en él. Si al cabo de un tiempo, muere un familiar cercano o alguien a quien amamos, nos sentiremos muy tristes. En esa situación, no importará las veces que hayamos pensado en nuestro nuevo coche o el tiempo que lo hayamos conducido, pues eso no nos hará felices. Sucede así porque la felicidad que se derivaba del coche era accesoria y no intrínseca. Si la felicidad hubiera sido intrínseca, nos habría hecho felices en todo momento. En realidad, nos sentiremos decepcionados si dependemos o nos apoyamos en esos objetos para nuestra felicidad.

Amma nos dice que deberíamos ser como pájaros sobre una rama seca. Un pájaro que se apoya en una delgada y seca rama sabe que basta el más mínimo viento para que se rompa su frágil apoyo. Por tanto, el pájaro siempre se mantendrá en alerta y dispuesto a emprender el vuelo en cualquier momento.

Cuando perdemos los objetos que nos interesan o a las personas que amamos, debemos ser capaces de dirigirnos sin tristeza hacia nuestra meta y emprender el vuelo, igual que hace el pájaro cuando se quiebra la rama en la que se apoya.

Los objetos tienen una capacidad limitada para hacernos felices, pero una capacidad ilimitada para hacernos infelices. Procurad no dar excesiva importancia o valor a los objetos y no esperéis demasiado de ellos.

Amma dice que buscar la felicidad inmutable en los objetos mutables es como esperar obtener agua fría en un desierto. No debemos permitir que nuestra mente dependa de los objetos o de las personas para conseguir paz o felicidad, pues no están bajo nuestro control. En su lugar, deberíamos aprender a acomodar nuestras mentes a cada situación. Eso es lo que Amma quiere decir cuando nos pide que aprendamos a refrigerar nuestras mentes. Amma nos cuenta una historia para ilustrar esta cuestión

Un rey decidió un día pasear por la capital de su reino. Mientras caminaba por una calle, rozó con un dedo del pie una pequeña piedra que sobresalía y empezó a sangrar. Se puso furioso con sus sirvientes y guardianes y les gritó: "¡Cómo permitís que esto me suceda a mí!" Ordenó que al día siguiente, antes de que hiciera su recorrido por la tarde, todas las calles de la ciudad estuvieran alfombradas. Los ministros empezaron a devanarse los sesos pues no sabían cómo cumplir con esa tarea. Se preguntaban dónde podrían encontrar alfombras tan largas. Entre ellos había un viejo y sabio ministro que era bastante osado. Le dijo al rey: "Su majestad, en lugar de desplegar alfombras por todas las calles, no sería más aconsejable que llevarais unos buenos zapatos?"

De igual forma, en lugar de intentar que todo se adapte a nuestra conveniencia, deberíamos intentar acomodarnos nosotros mismos a las condiciones externas. Esto es posible a través de una comprensión de los principios espirituales y de su práctica. Si conseguimos fuerza espiritual, ésta nos servirá como amortiguador de nuestro vehículo. Los amortiguadores hacen que el vehículo aguante los baches de las carreteras en mal estado. De igual modo, nuestras vidas están llenas de altibajos, y es la fuerza espiritual la que nos ayuda a despejar las borrascas que se producen en ellas.

Apegarse a los valores inapropiados

Si adoptamos decisiones sin un adecuado discernimiento de lo que tiene verdadero valor, obtendremos dolor. Algunos estudiantes se suicidan cuando no superan sus exámenes o no obtienen la calificación que esperaban. Algunas veces, durante un partido sin importancia, los aficionados llegan a pelearse por una decisión arbitral. Una mayor perspectiva les permitiría responder más en consonancia con la importancia relativa y el valor de estas situaciones.

A veces, sí damos un valor correcto a las cosas. Por ejemplo, suponed que tenemos un par de zapatos nuevos y caros. Aunque sean muy caros, no los guardamos en su caja y los dejamos en nuestro armario. Nos los ponemos y caminamos con ellos incluso por las calles sucias, sin ningún miramiento. No son más que zapatos y los hemos comprado para llevarlos. Desgraciadamente, no somos capaces de aplicar este discernimiento a todas las situaciones de nuestra vida.

Me gustaría narrar un incidente que explica muy bien cómo Amma sabe dar el valor apropiado a cada uno de los objetos de este mundo. En los primeros tiempos del ashram, a menudo no teníamos suficiente comida para todos ni siquiera ropa adecuada. Cuando celebrábamos un programa fuera del ashram, los *brahmacharis* (discípulos con voto de celibato) compartíamos las pocas prendas que estaban disponibles. También, en aquellos tiempos, Amma ponía especial atención para que todo el que llegara al ashram comiera algo, y hasta que no tenían todos su comida, los *brahmacharis* no podían comer. Muchos días no quedaba comida para nosotros y entonces Amma iba por el vecindario a pedir caridad.

Un día una pobre mujer de la aldea vino para decirle a Amma que se había concertado la boda de su hija. Como era muy pobre, necesitaba la ayuda de Amma. Aunque el ashram estaba mal económicamente, Amma le aseguró que la ayudaría. Yo estaba sentado junto a Amma cuando llamó a uno de los residentes y le pidió que le trajera algo de la habitación de Amma. El residente trajo una caja y se la dio. Amma la abrió y sacó de su interior una cadena de oro muy valiosa, que tal vez fuera un regalo reciente de un devoto. Yo me pregunté qué iba a hacer Amma.

Sin vacilar, Amma le entregó aquella cadena a la mujer, quien se sintió muy feliz y agradecida. Yo estaba muy alterado porque luchábamos por salir adelante y no me explicaba cómo Amma podía hacer aquello. Antes de que pudiera decir algo, la mujer se fue. No pude controlar mis nervios y le pregunté a Amma: "¿Cómo has podido hacer eso?"

Le lancé a Amma un gran discurso. "¿Acaso no sabes lo valiosa que es esa cadena?" Yo trabajaba en aquel tiempo en un banco y conocía el valor que tenía el oro en el mercado. Le dije a Amma "Podía haberla llevado al banco y conseguir una buena suma de dinero por ella. No me parece que hayas actuado correctamente."

Amma me contestó: "¿Estás seguro? ¿Por qué no me lo dijiste antes? ¡Ve rápido a buscar a esa mujer y dile que vuelva!"

Me sentí muy orgulloso de mí mismo por haber tenido la claridad de pensamiento para corregir hasta un error de Amma. En aquellos días no tenía ni idea de la grandeza de Amma como Maestro Auto-Realizado. Mi comprensión espiritual era muy limitada. Como muchos seudo intelectuales, yo también pensaba que tenía más conocimiento y experiencia en cuestiones mundanas.

Estaba convencido de que Amma quería recuperar la cadena, y me fui en busca de la mujer para que volviera. Ella se preguntaba qué estaba pasando. Amma le dijo, señalándome a mí: "Este *brahmachari* dice que es una cadena muy cara." Yo estaba tan impaciente que estuve a punto de decirle a la mujer: "Por tanto, devuélvenosla." Amma se dio cuenta de mi impaciencia y me pidió que no dijera nada. Amma continuó: "Como la cadena es tan cara, no la empeñes ni la vendas por un precio más bajo de su valor. Asegúrate de conseguir un buen precio por ella."

De pronto me sentí muy avergonzado por haber sido tan ignorante de la compasión de Amma.

Esto no es más que un ejemplo de cómo Amma no da importancia o valor a las cosas del mundo. Eso no significa que esa riqueza material no sea importante, sino que nos tenemos que dar cuenta de su limitación. La riqueza material no lo es todo. Si así fuera, todas las personas ricas serían felices y estarían contentas. He visto a muchas familias ricas implorando a Amma por varias razones. La riqueza espiritual es mucho más importante. Por riqueza espiritual me refiero a la fuerza espiritual y a la madurez que surge de la comprensión de la naturaleza efímera del mundo y sus objetos. La riqueza espiritual nos permite sonreír incluso cuando nos encontramos cara a cara con la muerte.

Tan pronto como la gente empezó a acudir en masa a ver a Amma, hubo algunas personas que se opusieron violentamente a los *bhava darshans*. Se produjeron atentados graves contra su vida, entre ellos uno que protagonizó un primo suyo, quien pensó que el comportamiento de Amma estaba perjudicando, de algún modo, la reputación familiar. Cuando él la amenazó con un gran cuchillo, Amma no se alteró en absoluto. Amma se limitó a sonreír y a decirle: "No tengo ningún temor a la muerte. El cuerpo debe perecer más tarde o más temprano, pero tú no vas a poder matar al Ser. Si estás decidido a poner fin a mi existencia física en este momento, déjame meditar un poco y podrás matarme mientras medito." Por medio de la comprensión de la naturaleza de su auténtico Ser y del mundo, Amma fue capaz de enfrentarse tranquilamente, incluso, a una amenaza contra su propia vida. Ni siquiera se mostró alterada ni enfadada con su agresor.

La ley del karma

Los científicos han empezado recientemente a confirmar que nuestro único nacimiento no es el actual. En estos momentos de desarrollo de la ciencia y la tecnología, no es posible todavía demostrar la verdad del renacimiento y de nacimientos pasados con absoluta certeza y más allá de toda duda. Pero resulta razonable preguntarse: si cada acción produce una reacción, ¿cuál es la acción que causa que un niño nazca con deformidad, en el seno de una familia pobre o que sea un prodigio? El niño no ha hecho nada para merecer esto en esta vida. Es lógico concluir que ha sido en vidas pasadas en las que esa persona "se ganó" este resultado. En algunas familias tienen un hijo muy inteligente mientras que los otros no lo son tanto. ¿Por qué sucede así? Ese hijo debe haber hecho algo en su vida pasada para merecerlo. Los hijos nacidos de los mismos padres tienen otras muchas diferencias destacables. De igual forma, vemos muchos tiranos como Hitler o Mussolini, que han masacrado a miles de personas. ¿Cuándo y cómo van a experimentar ellos el resultado de tan crueles actos? Definitivamente, tendrán que sufrirlo a lo largo de muchas vidas futuras.

De acuerdo con la ley del *karma*, cada acción tiene su efecto invariable sobre el hacedor. No es posible escapar de las cadenas del *karma* mientras se siga teniendo ego. Los resultados de la acción de una persona no se limitan sólo a ella, también afecta a otros miembros de la sociedad. Cuando hacemos algo bueno, no sólo nosotros, sino el mundo en su totalidad, se ve afectado positivamente. Si hacemos algo egoísta o perjudicial, eso también tendrá su efecto sobre los demás. Suponed que tenemos el hábito de beber mucho alcohol. Un día, nos ponemos a conducir después de haber bebido y atropellamos a una persona que intentaba cruzar la calle con cuidado. Eso producirá como resultado el que nosotros seamos juzgados y la otra persona vaya al hospital. Ese hecho tendrá otras consecuencias para las familias de ambas partes. Ciertamente, una acción equivocada o hecha sin cuidado por una única persona puede afectar adversamente a la vida de muchas otras personas.

Por eso Amma nos dice que no somos islas solitarias sino conectadas entre sí como los eslabones de una cadena. Seamos conscientes o no, las acciones que realizamos siempre tienen un efecto sobre los demás.

Dos peligrosos delincuentes fueron exiliados a una remota y solitaria isla. Allí pasaron muchos años. Un día, estaban sentados en la playa llorando desconsoladamente, mientras pensaban en su destino. De pronto, llegó una botella a la orilla. Uno de ellos la cogió y la abrió. Inmediatamente surgió de la botella un genio. Estaba tan feliz de haberse liberado de la botella que, como recompensa, ofreció a cada uno de ellos un don. El primero dijo al genio: "He estado sufriendo en esta isla durante muchos años, separado de mis queridos hijos y familia. Desearía estar de nuevo con mi familia." En ese momento, el primer delincuente volvió con su familia que vivía en una tierra lejana. Cuando se fue, el segundo delincuente se sintió tan triste por encontrarse solo, que le dijo al genio: "Nunca he tenido familia o amigos en mi vida. Mi compañero era el único amigo al que realmente quería. Lo echo mucho de menos. Lo único que deseo es que vuelva de nuevo mi amigo." En ese mismo instante, volvió el primer delincuente a la isla y el genio desapareció.

El *karma*, tanto nuestro como el de los otros, es un factor importante para determinar si conseguiremos lo que nos proponemos al realizar un determinado esfuerzo. Para evitar un sufrimiento innecesario, es importante que comprendamos el papel que desempeña el *karma* en nuestras vidas.

Cuando me presenté a los exámenes de graduación esperaba superarlos con buenas notas. Al hacerse públicos los resultados, me sorprendió que no hubiera pasado uno de los exámenes, pues sabía que lo había hecho muy bien. Me volví a presentar para superar aquel examen y, cuando se publicaron las notas, yo aparecía con una de las máximas calificaciones. Más tarde, supe que el profesor que había evaluado mi examen la primera vez estaba pasando un momento difícil en su vida. Parecía que había tenido una discusión con su esposa, y ésta se había marchado con un vecino que era conductor de camiones. El profesor estaba muy afectado por este asunto. Tan pronto oía el ruido de un camión, se ponía inquieto y alterado, y a veces histérico, porque le recordaba al camionero con el que se había ido su esposa. La gran cantidad de camiones que pasaban junto a su casa, hacía que él se sintiera cada vez más inquieto. Por este motivo, le era difícil prestar una adecuada atención a sus tareas docentes y era incapaz de corregir los exámenes correctamente. Por tanto, su *karma* tuvo un efecto adverso también sobre mi vida.

Estos ejemplos nos muestran que hay muchos factores que pueden intervenir entre nuestro esfuerzo y su resultado. Podemos pedirle a Dios que se cumpla un deseo, pero su cumplimiento dependerá de muchas cosas: la intensidad y sinceridad de nuestras plegarias, los esfuerzos que hagamos, nuestro *karma* pasado y, a veces también, el *karma* de los demás. Muchos de estos factores quedan fuera de nuestro control; y, aunque se vuelvan favorables, también necesitaremos la gracia de Dios. No basta nuestro único esfuerzo para obtener el resultado deseado.

La naturaleza del sufrimiento y el dolor

Toda persona que nace en este mundo tiene su cuota de alegría y dolor. Debido al *karma* acumulado en el pasado, todos estamos destinados a experimentar bondad o maldad en esta vida presente, y es lo que se denomina *prarabdha*.

Nuestro *prarabdha* puede ser de diferentes tipos:

1) *Prarabdhas* que pueden ser completamente vencidos al realizar acciones positivas. Estos son como un cáncer benigno o maligno que se puede estirpar, de una vez por todas, a través de una simple intervención quirúrgica.

2) *Prarabdhas* que pueden ser reducidos o parcialmente eliminados por nuestros esfuerzos. Este tipo de *prarabdha* es como un cáncer maligno que puede ser estirpado y puede volverse a reproducir.

3) *Prarabdhas* que no tienen remedio. Nosotros tendremos que superarlos. Amma nos pone el ejemplo de un cáncer terminal. Este tipo de *prarabdha* no puede ser evitado y la persona tendrá que sufrirlo.

Nos podemos preguntar por qué los grandes maestros como Amma enseñan al mundo con el ejemplo de sus propias vidas. Ellos muestran al mundo cómo afrontar las situaciones difíciles con madurez interior. Ellos nos inspiran a seguir sus ejemplos. Muchos de nosotros hemos podido afrontar dolor y sufrimiento extremos en nuestra vida. Cuando se nos dice cómo Jesús perdonó a sus enemigos en el momento de su crucifixión, nosotros también mostramos el coraje necesario para afrontar cualquier situación, sin sentimiento de odio ni resentimiento hacia los demás.

Amma sufrió muchos problemas en su infancia por su tremenda devoción y amor hacia Dios. No se sintió decepcionada porque Dios le hubiera dado esa vida tan dura. Amma consideró sus infortunios como oportunidades para aprender que, detrás del amor de los seres humanos, siempre hay algo de interés egoísta.

Si no se logran satisfacer esos intereses, el amor mundano se convierte inmediatamente en odio. Sólo Dios nos ama de forma incondicional, sin ninguna expectativa. Amma comprendió este hecho y empezó a amar a todos los que la hacían sufrir o le creaban problemas. Desgraciadamente, resulta muy difícil para nosotros perdonar a nuestros enemigos, y mucho más amarlos. Si fuéramos capaces de hacerlo, estaríamos transformando nuestros corazones en la morada de Dios.

A través de su respuesta a tales penalidades, Amma nos mostró cómo, incluso en medio de esas difíciles circunstancias, uno puede seguir centrado en Dios y afrontar los retos con gran coraje. Amma no se sintió triste o hundida cuando sus padres no le mostraron amor o afecto. Ella pensaba: ¿Por qué tengo que buscar el amor de otra persona? En lugar de eso, es preferible amar a los demás."

Amma no espera nada de nadie. Amma cumple con su deber sin preocuparse por el resultado. Eso es auténtica espiritualidad.

El ego

De acuerdo con las Escrituras hinduistas, el ego es la primera causa de nuestra ignorancia sobre la naturaleza de nuestro verdadero Ser. En sánscrito el ego se denomina *ahamkara*, pero esa palabra también puede ser traducida como "el sentido de una existencia separada del resto del universo." Todos nuestros deseos, expectativas, apegos, tendencias negativas, y hasta nuestro *karma*, surgen del ego.

El ego es el sentimiento del "Yo". Por ejemplo: "Yo estoy haciendo, estoy disfrutando o estoy sufriendo." Cuando nos despertamos, ¿cuál es el primer pensamiento que viene a nuestra mente? Surge la idea de "Yo"; y, tras este primer pensamiento, vienen todos los demás.

Ese sentimiento de "Yo" da origen a todos nuestros problemas. Cuando nos identificamos con el ego, tenemos deseos, expectativas y apegos para el bienestar del ego, para afianzarlo y asegurarlo. Cuando estos deseos, expectativas y apegos se frustran, o cuando nuestro ego se siente herido, reaccionamos con ira, odio, temor o depresión. Amma nos dice que el ego y las tendencias negativas que proceden de él, bloquean la Gracia de Dios que se derrama sobre nosotros.

Podemos sentir que hemos trascendido el ego al hacer mucha práctica espiritual y realizar mucho *seva* (servicio desinteresado). Hasta podemos pensar: "He hecho mucho más *seva* que esa otra persona. Soy mucho más desinteresado que ella."

Es importante recordar que el ego es muy sutil e inteligente. Se cuenta una historia en la gran epopeya *Mahabharata* (el libro que describe la guerra Mahabharata) que nos muestra cómo hasta los buscadores espirituales más avanzados y los grandes devotos pueden caer en la trampa del ego.

Una vez acabada la batalla, Arjuna, con el Señor Krishna como su auriga, y los virtuosos Pandavas volvieron a su campamento. Tan pronto llegó el carro al campamento, Krishna paró el carro y dijo: "Arjuna, por favor, baja."

Arjuna se dijo: "He luchado y he ganado la batalla. Krishna solo era mi auriga. Realmente, él debería bajar primero." Tras este pensamiento, le pidió a Krishna que descendiera primero. Krishna se negó, diciéndole a Arjuna que debía ser él quien descendiera en primer lugar. Aunque Krishna ya había revelado su forma divina a Arjuna en el campo de batalla, pues le había impartido toda la *Bhagavad Gita* y salvado de una muerte certera durante la batalla; Arjuna seguía sin escuchar a Krishna y quería que el Señor bajara antes que él.

A pesar de experimentar la divinidad de Krishna en muchas ocasiones, el ego de Arjuna le engañaba haciéndole creer que él era más grande que Dios. No obstante, como Krishna era obstinado en esta cuestión, esperó tranquilamente a que Arjuna bajara y se adelantara una distancia prudencial, para descender. Nada más bajar Krishna, el carro ardió en llamas, pues se habían utilizado muchas y poderosas armas contra el carro durante la batalla de aquel día. Sólo gracias a la presencia de Krishna el carro permaneció intacto y Arjuna fue capaz de vencer en la batalla. Arjuna cayó a los pies de Krishna al darse cuenta, finalmente, de que si había luchado y vencido fue sólo gracias al poder del Señor.

En verdad, no importa lo que hagamos, pues no es posible eliminar el ego por nosotros mismos. Amma dice que el ego es la única cosa en la creación que no ha sido creada por Dios. El ego es nuestra propia creación y no podemos deshacernos de él. Por eso, necesitamos la ayuda de un *Satgurú*. La primera tarea de un *Satgurú* es la eliminación del ego.

Capítulo 2

Las cadenas del condicionamiento

Comprender el condicionamiento

Nos pasamos la vida buscando un buen empleo, unos buenos jefes, una esposa cariñosa, unos amigos sinceros, etc., pero nos olvidamos de que también nosotros tenemos que ser buenas personas. Los hombres desean una mujer casta como Sita (la consorte sagrada del Señor Rama), pero olvidan que ellos tendrían que ser tan virtuosos y rectos como el Señor Rama.

Apenas se encuentran personas perfectas (a no ser que sean *Mahatmas* o *Satgurús*), trabajos perfectos o esposas perfectas. Cuando buscamos la perfección, perdemos buenas oportunidades o nos sentimos decepcionados. Al buscar la perfección en las cosas, cambiamos normalmente un problema por otro.

Confiamos en que al cambiar la situación o la persona, vamos a solucionar el problema. Esta forma de pensar es el resultado de pasados hábitos y condicionamientos. Si el cambio de factores externos nos dio resultado en el pasado, asumimos que esta misma estrategia seguirá funcionando. Puede que tengamos más capacidades latentes para cambiar y mejorar nosotros mismos, pero nos limitamos por condicionamientos previos.

Amma dio un ejemplo de condicionamiento en el discurso que pronunció en Ginebra, durante la Cumbre de la Iniciativa por la Paz Global de Mujeres Religiosas y Guías Espirituales del Mundo. Amma explicó que cuando un elefante es bebé, está acostumbrado a vagar libremente por el bosque. Cuando es capturado, se le ata con una gran cadena a un fuerte árbol o poste. Tirará de la cadena una y otra vez para liberarse, pero no lo conseguirá.

Pasado un tiempo, el bebé elefante se dará cuenta de que no le sirve de mucho seguir tirando y em*puja*ndo la cadena. Por tanto, dejara de estirar y permanecerá tranquilo. En ese momento está condicionado. Cuando el bebé elefante se convierta en elefante adulto, podrá ser atado con una fina cuerda a un poste o a un delgado árbol.

El elefante adulto podría fácilmente romper la cuerda y andar libremente, pero no lo va a hacer porque está condicionado a pensar que no es posible romper la cadena. De igual manera, nosotros estamos siendo constantemente condicionados, consciente o inconscientemente, por nuestro entorno, nuestros padres, amigos, por el cine o por los programas de televisión que vemos.

Había un militar jubilado con muy mal carácter, a quien no le gustaban los niños de su barrio. Un día quisieron gastarle una broma. Cuando volvía del mercado con una cesta de huevos en la mano, uno de los muchachos gritó: "¡Aaa..tención! Tan pronto como el militar oyó la palabra "atención", dejó caer la cesta de huevos y se quedó firme, sin moverse. Actuó así debido a sus condicionamientos previos.

Amma dice que para disfrutar plenamente de la vida, es absolutamente necesario liberarse de los condicionamientos del pasado. De hecho, hay muchas posibilidades de elección para enfrentarnos a cualquier situación difícil de la vida. Cuando nos encontramos ante una situación crítica, nuestra capacidad para adoptar la decisión correcta queda inhibida. Nuestro condicionamiento del pasado obstaculiza nuestra capacidad para saber elegir bien entre las distintas posibilidades que se nos ofrecen.

A causa de nuestro condicionamiento, tendemos a reaccionar de una forma concreta o siguiendo una determinada pauta. La mayoría de las veces, no somos conscientes de lo que estamos haciendo o diciendo. Así, en lugar de responder conscientemente a las situaciones de la vida, salimos al paso con reacciones mecánicas. Cuando alguien nos alaba, nos sentimos felices y hasta llegamos a pensar: "Qué buena es esa persona." Si alguien nos critica, nos ponemos a la defensiva. Cuando alguien nos insulta o nos altera, podemos hundirnos o enfadarnos con la otra persona.

Desarrollar un condicionamiento positivo

Los condicionamientos positivos nos ayudan a manifestar buenas cualidades espontáneamente. Tomemos el ejemplo del recitado de un *mantra*.

Al principio, no sabemos nada sobre mantras. Ni siquiera somos conscientes de nuestra ignorancia respecto a ellos. Después llegamos a saber que hay algo denominado "mantra". Un Gurú[2] nos puede enseñar lo que es un mantra, nos lo puede entregar en una iniciación y explicarnos el método de su recitado y práctica. En las primeras etapas nos olvidaremos de recitar el mantra regularmente, pues no estamos acostumbrados a recitar ningún mantra. Por tanto, tenemos que hacer un esfuerzo consciente o deliberado para recitar el mantra.

Después de recitar el *mantra* regularmente durante un largo período, se vuelve tan natural como nuestra respiración. Ni siquiera tenemos que pensar en que debemos recitarlo, surge continuamente, sin ningún esfuerzo y sin pensar deliberadamente en él, independientemente de dónde estemos o de lo que podamos estar haciendo. Se ha convertido en un proceso automático. Así es cómo desarrollamos un hábito o disciplina en nuestra vida.

---

[2] Maestro. En este libro, la palabra Gurú puede intercambiarse por la de Satguru o Maestro verdadero.

Para la mayoría de nosotros, negatividades como la ira, la impaciencia o los celos, aparecen espontáneamente, sin ningún esfuerzo. En su lugar, tenemos que aprender a manifestar cualidades tan admirables como el amor, la compasión, la paciencia, la cordialidad, etc. Necesitamos un esfuerzo regular y continuo, así como una práctica para conseguirlo. En una Maestra como Amma, estas cualidades positivas se manifiestan espontáneamente.

Muchos devotos de Amma están dispuestos a exhibir espontáneamente algunos buenos comportamientos, como emplear el *mantra* "Om Namah Shivaya" cuando saludan a otros devotos. Algunos llegan incluso a saludar a sus colegas de trabajo y amigos diciéndoles "Om Namah Shivaya."

Algunos devotos se postran antes de sentarse delante de Amma. Este hábito se ha convertido en algo tan natural que se postran antes de sentarse, aunque Amma no esté en la sala, o cuando se sientan a comer, a hablar o a leer.

Los *Mahatmas* son bien conocidos por manifestar espontáneamente todas las cualidades divinas. Hace muchos años, vi cómo Amma mostraba esta divina espontaneidad de un modo notorio. Hacia el final del *Devi bhava*, Dattan, un leproso con la piel resquebrajada en todo su cuerpo y con muchas de sus heridas supurando sangre y pus, entró en el templo. Tan pronto lo vi, me asaltó un sentimiento de aversión y temor a ser contagiado. Mi reacción instantánea fue la de levantarme y salir corriendo del templo. La respuesta espontánea de Amma fue la de levantarse y dirigirse hacia Dattan para abrazarlo. Ella no esperó ni se puso a pensar si necesitaría llevar guantes o una máscara antes de abrazarlo. Esa fue la expresión espontánea de las cualidades divinas de Amma.

Capítulo 3

Romper las cadenas del condicionamiento

Aprender de la adversidad

Si vencemos nuestro condicionamiento negativo, las adversidades pueden fortalecernos. Cuando Amma vivió tiempos difíciles por la incomprensión de sus padres, vecinos y familiares, no se hundió. En su lugar, se valió de esas adversidades para comprender la naturaleza del mundo y la superficialidad del amor mundano. Sus padres y familiares consideraban su comportamiento y sus constantes plegarias al Señor como algo excéntrico, y actuaban en consecuencia. Aunque ella se mostraba amable con la gente, apenas recibía alguna palabra cordial o alabanza de los demás. En lugar de buscar amor y afecto de otras personas, Amma dirigió su corazón y su alma hacia Dios. Aprendió a no esperar nada de nadie. Ella cumplía con su obligación y dejaba que Dios cuidara de todo. Dada su clara comprensión de la naturaleza egoísta e interesada de los seres humanos, el amor de Amma hacia los demás no disminuyó, a pesar de las penalidades que tuvo que sufrir.

Amma sabe que nuestro amigo actual puede convertirse mañana en un enemigo, y que un enemigo puede volverse amigo. De ahí que el amor y la compasión de Amma por los que la elogian y por los que la critican se mantiene inalterable.

De hecho, muchas personas que causaron problemas al ashram y a Amma durante los primeros años, son ahora los beneficiarios de varios proyectos caritativos de Amma. Algunas de estas personas están actualmente ayudando a Amma a realizar sus actividades de servicio humanitario.

Se dice que la experiencia es nuestro mejor maestro. Podemos estar mucho tiempo en presencia de un Gurú pero, a menos que aprendamos de nuestras experiencias, no progresaremos espiritualmente. Amma nos pone el ejemplo de un profesor de natación. Cuando aprendemos a nadar, llega un punto en el que el profesor tiene que dejarnos solos y forzarnos a nadar por nuestra cuenta. Eso significa que nos ha inculcado confianza y valor para que aprendamos a nadar solos. De forma parecida, a veces, Dios o el Gurú nos someten a pruebas y tribulaciones para que desarrollemos nuestra capacidad y fuerza necesarias para adoptar buenas decisiones.

El no adoptar una decisión correcta o no hacer una buena elección, nos impide disfrutar de las mejores oportunidades de la vida, y también nos crea emociones negativas que, con el tiempo, generarán mucho estrés y tensión. Me gustaría ilustrar esta cuestión con un pequeño incidente de mis primeros días con Amma. Fue durante la época en la que Amma solía aparecer en *Krishna bhava* y a continuación en *Devi bhava*. Un grupo de *brahmacharis* cantaba durante el *Krishna bhava* y otro grupo lo hacía en el *Devi bhava*.

Hacía poco que otro *brahmachari* y yo habíamos aprendido a tocar la *tabla* (un tipo de tambores que se utilizan a menudo en la música india). Durante ese periodo inicial de aprendizaje, los dos teníamos gran interés por tocar los tambores tanto como pudiéramos, y hacíamos turnos para tocar ante Amma.

Dado que en aquella época solo había unos pocos *brahmacharis*, Amma solía llamar a uno o a dos de nosotros para ofrecernos la oportunidad de meditar a su lado durante el *Devi bhava*. Uno de esos días, me correspondió tocar la *tabla* durante el *Devi bhava*.

Antes de ponerme a tocar, fui a pasar el *darshan* pensando en volver enseguida para tocar los tambores. Sin embargo, cuando pasé el *darshan*, Amma me pidió que me sentara a su lado y que meditara. Me encontré ante un dilema. Yo tenía el propósito de tocar la *tabla* y, en ese momento, se me presentaba la oportunidad de sentarme a meditar junto a Amma. No quise desobedecerla y, por tanto, me senté allí.

Cuando empecé a meditar, se iniciaron los *bhajans* (las canciones devocionales) y el *brahmachari* que ya había tenido su oportunidad de tocar la *tabla*, lo hacía de nuevo. Me sentí tan molesto y alterado que hasta me enfurecí con él. ¿Cómo podía atreverse a ocupar mi puesto? Sin embargo, no podía levantarme y enfrentarme a él, pues Amma me había pedido que me sentara junto a ella.

En lugar de meditar, libré mentalmente una auténtica batalla con el otro *brahmachari*. Así transcurrió casi media hora. Aunque yo tenía los ojos cerrados, no meditaba. De pronto, sentí que alguien golpeaba mi cabeza como si tocara la *tabla*. Abrí los ojos, y era Amma. Ella me preguntó qué estaba haciendo. Antes de que pudiera contestarle, me pidió que fuera a tocar la *tabla*. Sabía que sólo estaba pensando en la *tabla* y que me estaba enojando con el otro *brahmachari*.

No hay mejor atmósfera para la meditación que sentarse junto a Amma en *Devi bhava*, pero por mis emociones negativas, desperdicié esa oportunidad.

Si Amma se hubiera encontrado en la misma situación que yo, hubiera sido totalmente diferente. Amma habría hecho una elección distinta. Se habría concentrado en la meditación más que preocuparse por tocar la *tabla* o enfadarse con alguien.

Siempre hay algo que aprender de cualquier experiencia de la vida, tanto si resulta placentera como si no lo es. Esa es la ventaja de haber nacido como seres humanos, dotados de cualidades innatas como la inteligencia y el discernimiento. Si observamos la vida de Amma, veremos que cuando sucedía algo lamentable o un suceso aparentemente desafortunado, Amma no sólo obtenía una enseñanza de él, sino que lo veía como una oportunidad para aproximarse a Dios.

En los tiempos previos al ashram, Amma ya era muy conocida por el duro trabajo que realizaba. Podía trabajar sin parar desde las cuatro de la madrugada hasta las once o las doce de la noche. Además de esta pesada carga de trabajo en su casa, muchos días Amma tenía que ir a casa de sus parientes para ayudarles también en sus tareas domésticas. Algunos de ellos vivían lejos de la casa de Amma. Durante un breve periodo de tiempo, sus padres le dieron dinero para viajar en barca por la laguna marina. Ella disfrutaba mucho durante estos recorridos marítimos. Recitaba "Om" siguiendo el ritmo del motor de la barca y, mientras miraba las ondas que se formaban en la superficie, se olvidaba totalmente de sí misma. Aprovechaba cada momento de su vida para conectarse con Dios.

Más tarde, los padres de Amma decidieron no darle más dinero, y le dijeron: "Debes ir andando, pues no podemos seguir pagándote el viaje en barca." Amma no se sintió molesta, y les dijo: "Esta bien, iré caminando." Tuvo que recorrer a pie ocho o diez kilómetros, pero disfrutaba de aquel paseo, mucho más que viajando en barca. Amma se sentía feliz porque estaba sola mucho más tiempo. Podía andar en soledad por la playa o a lo largo de la laguna marina, y eso le permitía recitar más *mantras* y hacer más plegarias. De esa manera, Amma hacía que cualquier situación, aparentemente negativa en su vida, se volviera favorable.

Se dan muchas situaciones semejantes en nuestras vidas. Si hiciéramos realmente uso de nuestro discernimiento, podríamos convertirlas en favorables. No nos es posible determinar las experiencias por las que tendremos que pasar, pues escapan a nuestro control. Nuestra sabiduría o capacidad consiste en convertir cada una de esas situaciones en ventajosa.

Una mujer tenía numerosos problemas en su casa y en el trabajo. Cuando algo no iba bien en el trabajo, sacaba de inmediato una foto de su bolso y la miraba atentamente un rato. A continuación, recuperaba su compostura y seguía con su trabajo tranquilamente. Uno de sus colegas, al observar esta acción durante varios días, le preguntó: "¿Quién aparece en esa foto?" ¿Cómo puede darte tanta fuerza y tranquilidad? ¿Es tu maestro espiritual o se trata de tu artista o tu deportista favorito?"

"Oh, no. Es la foto de mi marido," contestó la mujer.

"Eso es realmente estupendo. No sabía que estuvieras tan enamorada de tu esposo," contestó el colega.

"No lo estoy," dijo la mujer. "Lo que ocurre es que cada vez que me surge un problema y empiezo a alterarme, me basta con mirar su foto y, entonces, todos los demás problemas me parecen insignificantes. Comparado con él, cualquier otro problema es aceptable." En resumen, esta mujer era capaz de ver las cosas en su justa perspectiva y de obtener fuerza a partir de una situación adversa.

Domar al elefante salvaje

En la primera época de mi encuentro con Amma, no sabía cómo había que comportarse con un Gurú o qué trato había que dispensarle. Sólo cuando me puse a leer las Escrituras, empecé a comprender la grandeza del Gurú y las normas de conducta que conviene seguir en nuestra relación con el Gurú. Antes, no había forma de conocer la grandeza del Gurú porque Amma nunca nos dijo nada al respecto.

Nunca dijo: "Deberías respetarme," o "Tendrías que postrarte ante mí," o "Deberías comportarte de esta o de esa otra manera delante de mí." Aunque necesitábamos oírlo, nunca nos lo dijo. A veces, no la obedecíamos o nos comportábamos irrespetuosamente. Hasta expresábamos nuestro enfado hacia ella. Pero Amma, dada su compasión y comprensión, nos aceptaba con toda nuestra negatividad. Incluso si cometíamos un fallo o la desobedecíamos, ella esbozaba una sonrisa o se mantenía en silencio. No intentaba disciplinarnos a la fuerza. Más tarde, cuando nos dábamos cuenta de nuestros errores, nos acercábamos a ella y le pedíamos disculpas.

Un día, Amma dijo algo que yo no deseaba aceptar y me puse a discutir. Cuando alguien discutía con Amma o la desobedecía, ella normalmente no objetaba nada. Sin embargo, ese día en particular Amma empezó a discutir conmigo, lo que me sorprendió. Ella me dijo: "No, lo que acabas de decir no es correcto." Pero yo no estaba dispuesto a ceder. Casi al final, elevé tanto el tono de mi voz, que Amma se levantó, de pronto, y se retiró a su habitación. Yo no quería dejar de discutir, pues estaba seguro de que hubiera vencido. Por tanto, me levanté y seguí a Amma. Ella se fue a su habitación y entornó la puerta, pero no la cerró del todo. Se sentó y empezó a meditar. No pude seguir discutiendo. Esperé fuera, pensando que Amma saldría de su habitación al cabo de un rato y podríamos continuar la discusión donde nos habíamos quedado. Esperé quince minutos, pero no pasó nada. 45 minutos más tarde, Amma todavía no salía. Seguía meditando. No tuve la suficiente paciencia para esperar más. Tampoco quería molestar a Amma mientras estaba meditando, por tanto pensé que continuaría más tarde.

Después de dos horas y media Amma salió de su habitación. En ese momento, yo estaba haciendo alguna tarea y tenía que irme a una ciudad cercana. Todavía seguía pensando que lo que le había dicho a Amma era correcto y que podía probarlo. Aunque mi mente estaba llena de ira y arrogancia, me sorprendía que, incluso después de una fuerte discusión, Amma pudiera meditar como si no hubiera pasado nada.

Con suave y firme amor y con su infinita paciencia venció sobre mi ira, y mi mente se calmó. No tuve oportunidad de estar de nuevo con Amma hasta que pasaron casi dos semanas. Me disculpé por la forma cómo la había tratado y le dije: "Amma, después de aquella fuerte discusión, fuiste a tu habitación y te quedaste inmersa en meditación. Yo, por mi parte, estuve diez días luchando por conseguir meditar. Nada más cerrar los ojos, lo único que pensaba era cómo poder vencerte en esa discusión. ¡Me pasé diez días meditando en ello! Ni siquiera podía recitar mi *mantra* tranquilamente. ¿Cómo pudiste ponerte a meditar inmediatamente tras esa batalla, como si nada hubiera sucedido?"

Amma contestó: "Tan pronto supe que discutir con un individuo tan tozudo como tú era una pérdida de tiempo, mi mente se internó. No tardé ni una décima de segundo en ir hacia dentro."

Mientras que yo, ni siquiera después de diez días, me había dado cuenta de que mi meditación se veía afectada por mi propia negatividad. A veces se tardan años y hasta varias vidas en darse cuenta de esto. Un Maestro nos lo hará ver en muy poco tiempo.

Amma dice que la ira es como un cuchillo sin mango, hiere por igual a la persona que se ataca como al atacante. Sabemos muy bien el efecto perjudicial que provoca la ira en nuestro cuerpo y mente, así como en nuestra familia y en la sociedad en general. La ira desencadena muchas hormonas destructivas en nuestro cuerpo. Todo el cuerpo arde como si estuviera bajo el fuego y se quiebra nuestro sistema inmunológico. Lo que muchos no saben, sin embargo, es cómo la ira aumenta nuestro *karma* y bloquea la gracia de Dios que se derrama sobre nosotros. Cuando nuestro ego se siente herido, nuestra reacción inmediata es la de irritarnos. A causa de nuestra ira, actuamos y hablamos sin discernimiento. Por medio de esas acciones y palabras, podemos llegar a herir a una persona inocente. Amma dice que cuando nos irritamos con una persona inocente, ésta puede implorar a Dios: "Dios mío, si no he hecho nada incorrecto, ¿por qué me tratan de este modo?" Las vibraciones de estos sentimientos dolorosos nos llegarán, al final, a nosotros, oscureciendo nuestra aura igual que el humo oscurece un cristal. Al igual que la luz solar no penetrará a través de un cristal oscurecido por el humo, estas impresiones bloquearán la gracia de Dios que llega permanentemente a nosotros. Amma también dice que cuando nos irritamos, perdemos energía por cada poro de nuestro cuerpo. De este modo, mucha energía espiritual conseguida a base de esfuerzo se disipa innecesariamente.

Supongamos que nos enfadamos con facilidad. Cuando se presente la oportunidad, intentemos no enfadarnos. Desarrollando conciencia y paciencia, lograremos vencer poco a poco la ira.

Para conseguir trascender la ira, hay que entrenar primero la mente para que reconozca los aspectos negativos de la ira. Observemos cómo se manifiesta la ira en diversas situaciones. Al observarla, como testigos separados y distantes, hacemos que cada vez nos afecte menos. Si nos identificamos con emociones como la ira, la lujuria o el temor, nunca seremos capaces de controlarlas. Necesitamos crear un espacio entre las emociones de la mente y nosotros.

Igual que domamos a un elefante salvaje o a un joven caballo, también podemos intentar domar las manifestaciones de ira en nuestras palabras y acciones. Más adelante, observaremos cómo se origina la ira en la mente y seremos testigos de sus altibajos en nuestro interior. Veremos la ira como si estuviéramos en una playa, observando cómo suben y bajan las olas del mar. Al final, nos liberaremos totalmente de su influencia dañina.

Las cambiantes emociones, el inmutable amor

A menudo, Amma muestra emociones humanas sólo para que nos sintamos más cerca de ella. En un determinado momento, Amma puede derramar lágrimas al escuchar los problemas de un devoto y, a continuación, reír al compartir la felicidad de otro devoto. Supongamos que Amma se muestre compungida mientras escucha el dolor de un devoto, y que el siguiente devoto que se acerca para recibir su *darshan* le dice a Amma: "Hoy es mi cumpleaños". Si Amma continuara derramando lágrimas, ¿cómo se sentiría el devoto que celebra su cumpleaños? Por tanto, a medida que cada persona se acerca para el *darshan*, Amma actúa como un espejo, reflejando el estado de su mente. Amma puede expresar ira hacia alguien por sus errores pero, al momento siguiente, puede abrazar a esa misma persona. En cambio, nosotros podemos tardar días en abrazar a una persona con la que estamos enfadados. Amma puede eliminar y reemplazar las emociones de su mente cuando lo desee. Ella posee el lápiz para escribir algo en su mente y la goma para borrarlo.

Cuando Amma está enfadada o triste podemos pensar que no nos quiere. Pero eso no es cierto. Ella sólo dice lo que necesitamos que se nos diga para nuestro crecimiento espiritual y hacer que actuemos. No permanece, en absoluto, irritada. Las emociones de Amma son como una línea marcada sobre el agua. ¿Cuánto tiempo va a durar una línea así? No obstante, me gustaría aclarar que aunque Amma no esté apegada a sus emociones, eso no significa que ella no nos ame o cuide de nosotros.

Nada más recibir el *darshan* de Amma, ella está preparada para recibir las emociones de la siguiente persona. El amor de Amma es como el océano, y todas las emociones que expresa sólo son olas, que aparecen y desaparecen. En su esencia, todas las olas están formadas por agua, pero tienen diferente forma y aspecto. Igualmente, detrás de cada palabra y acción de Amma hay puro amor. Nosotros también podemos alcanzar ese estado, pero se requiere una gran práctica, atención y conciencia.

Cuando nos vemos desbordados por nuestras propias emociones, no podemos ayudar a nadie, ni siquiera a nosotros mismos. Si somos capaces de trascender nuestras emociones y negatividad, entonces podremos ayudar a muchos seres humanos.

Capítulo 4

El amor de Amma

El propósito de la vida de Amma

Cuando Amma era muy joven, solía ir a las casas vecinas a recoger los desperdicios de comida (especialmente las pieles de tapioca) para alimentar a las vacas de su establo familiar. Ella vio que en muchas casas, los niños no tenían suficiente para comer. Los niños dormían en una posición fetal a causa del hambre. En otras casas, encontró que los ancianos no eran atendidos por sus hijos. Muchas personas estaban enfermas y no tenían dinero para pagarse un tratamiento adecuado.

Cuando Amma contempló todas esas miserias, se mostró muy enojada con la Naturaleza. Como venganza por todo el sufrimiento en el mundo, ella quiso inmolarse.

Entonces, una voz interior le dijo que si las personas sufrían era a causa de su destino, por el resultado de sus acciones pasadas. La voz continuó: "No has nacido para desprenderte de tu cuerpo de esa manera. Hay miles de personas que necesitan tu ayuda y consejo. El propósito de tu vida es servirlos. Sirviéndolos a ellos, me sirves a Mí (la Verdad Última)."

Amma reconoció: "Si su destino es sufrir, mi deber es ayudarlos."

El amor de Dios en un cuerpo humano

"Ella esta aquí frente a nosotros, el amor de Dios en un cuerpo humano."

— Dra. Jane Goodall, en la ceremonia de entrega a Amma del premio Gandhi-King a la No-violencia.

Hace muchos años, tras integrarme en el ashram, se cogió a uno de los residentes robando. Informamos a Amma, pero ella no emprendió ninguna acción. Transcurridos unos pocos meses, esa misma persona volvió a robar, y Amma ignoró una vez más el asunto. Algunos de nosotros nos enfadamos por todo esto y quisimos discutirlo con Amma.

A mí me preocupaba la posibilidad de que aquel muchacho siguiera en el ashram. Sabía que si le hablaba a Amma acerca de él, ella lo defendería, dado su amor y compasión. Por tanto, tendría que discutir con Amma pues no estaría de acuerdo con ella. En su lugar, decidí escribirle una carta diciéndole que si no lo despedía, yo tendría que irme del ashram.

Tras leer la carta, Amma me llamó y dijo: "Puede que tú seas una buena persona y sepas lo que está bien y lo que está mal, puedes ir a cualquier otro ashram y hacer tu práctica espiritual allí si lo deseas, pero este pobre muchacho no sabe lo que es correcto e incorrecto. Si tú no le das suficiente amor, buenos consejos y lo corriges con afecto, ¿quién va a ayudarlo? Es posible que acabe, incluso, en la cárcel. Voy a hacer que se quede aquí, aunque todos vosotros abandonéis el ashram."

Cuando el muchacho se enteró de estas palabras de Amma, se puso a llorar. Desde aquel momento se produjo un gran cambio en él y no volvió a robar nunca más.

El amor divino y la compasión de Amma nos fortalecen y alimentan. Cuando estamos tranquilos en su presencia, conseguimos una mayor claridad mental. Muchos son capaces de superar sus adicciones, apegos, preocupaciones y problemas a través de la fuerza de este amor. El auténtico amor no rechaza a nadie. Lo acepta todo. Amma dice: "Rechazar a alguien sería para mí como rechazar mi propio Ser, pues no estoy separada de nadie y nada está separado de mí." Por tanto, Amma sólo puede amar a todos. Nunca podría odiar a nadie.

Así como la luz y el calor son la naturaleza del sol, el amor y la compasión son la naturaleza de todos los grandes Maestros. La forma en que hacemos uso de ese amor, depende de nosotros. La naturaleza del río es la de fluir. Podemos beber el agua del río, bañarnos en él, sentarnos en su orilla y disfrutar de su brisa fresca, y hasta escupir en él. Al río no le importa, se limita a fluir. De igual modo, Amma sólo se dedica a dar y a dar.

Se dice que en presencia de una persona que está establecida en el amor supremo, hasta los animales feroces y hostiles hacia otras criaturas y seres, dejan su hostilidad y permanecen en calma.

Hace muchos años, uno de los perros que solía estar junto a Amma se volvió rabioso. Corría por los alrededores del ashram y mordía a mucha gente. Cuando intentaron atraparlo para acabar con él, se refugió en el ashram. Su boca echaba espuma como sucede con los perros rabiosos. La gente gritaba: "¡Está rabioso, matadlo, matadlo!" Algunos se echaron a correr para mantenerse a distancia.

Yo les gritaba: "¡No corráis, no corráis, no tenéis que preocuparos de nada! Amma se encargará de todo." Pero temeroso de mi propia seguridad, ¡yo iba entre la gente que estaba corriendo! Y seguí corriendo para alejarme tanto como pude.

Al oír el tumulto, Amma salió de su cabaña. En un momento, se dio cuenta de lo que estaba sucediendo. Caminó hacia el perro, llamándolo: "¡Mon, mon!", que significa: "¡Hijo mío, hijo mío!"

Algunos le decíamos a Amma: "Por favor, aléjate, el perro está rabioso y te morderá." Amma no tuvo en cuenta nuestras advertencias y siguió caminando hacia el perro. Al contrario de lo que esperábamos, el perro se quedó quieto como si estuviera hipnotizado, y Amma empezó a acariciarlo.

Ella pidió que le trajeran algo de comer. La persona que trajo la comida tenía miedo de acercarse al perro, por tanto se la tendió a Amma manteniendo la distancia. Amma cogió la comida y alimentó al perro con sus propias manos y, a continuación, se comió el resto de comida que estaba mezclada con la saliva del perro.

Todos estábamos aterrados mientras veíamos lo que hacía Amma. Temíamos que Amma pudiera infectarse de rabia. Amma ignoraba nuestros consejos y preocupaciones. Todos le insistíamos en que podía contraer la rabia, pero ella sabía que no podía contraerla, y no la contrajo. Sorprendentemente, nada le sucedió a Amma, aunque el perro se murió a los pocos minutos, demostrando claramente que estaba rabioso.

Me quedé completamente desarmado cuando vi aquello. Sentía mucha curiosidad por saber por qué Amma se comió los restos de comida del perro. Cuando se lo pregunté, su respuesta me hizo llorar. Amma me dijo que al comerse los restos de comida, ponía fin de una vez por todas al *karma* que todavía tenía el perro, asumiéndolo ella misma. Así, el alma del perro fue liberada de futuros nacimientos. El perro rabioso había sido capaz de sentir el amor de Amma y permanecer tranquilo.

Los que llamamos parientes o amigos no pueden amarnos como lo hace Amma. Ella nos explica: "Si hacemos cien acciones buenas y una mala, la gente nos recordará por la mala acción y nos rechazará. Pero Amma nos aceptará aunque hagamos cien acciones malas y ninguna buena."

Para ilustrar el amor limitado de nuestros parientes, hay una historia sobre dos buenos amigos. Mientras iban de excursión, vieron a un gran oso que se disponía a atacarlos. Uno de ellos abrió su mochila y sacó un par de zapatillas de correr. Cuando se estaba quitando las botas y se disponía a cambiarlas por las zapatillas, su compañero le dijo: "Pero, ¿qué haces?, si tú nunca vas a correr más que el oso. ¿Para qué te pones las zapatillas de correr?" El otro amigo le contestó: "¿Quién dice que tenga que correr más que el oso? Me basta con correr más que tú."

Este es un ejemplo del amor mundano. Cuando nuestra vida está en peligro, dejamos de preocuparnos por nuestros seres más queridos y cercanos. Ninguno de nosotros está dispuesto a cambiar su vida por la de un amigo moribundo.

Por eso Amma nos dice: "No esperéis nada del mundo ni de la gente mundana, pues el amor altruista es muy raro." Las expectativas nos conducen a la decepción y a la frustración. Esperar amor puro e inmutable, de un mundo cambiante y egoísta, es una locura.

Afecto

adveṣṭā sarva bhūtānāṁ maitraḥ karuṇa eva ca
nirmamo nirahaṁkāraḥ samaduḥkhasukhaḥ kṣamī

El que muestra afecto y compasión hacia todo, sin ninguna tacha de odio; el que evita la arrogancia y el sentido posesivo; el que permanece siempre contento y contemplativo; el que acepta la felicidad y la desgracia por igual; una persona con esas cualidades es querida por Mí.

– *Bhagavad Gita*, capítulo XII, versículo 13

Un día, una nueva devota se acercó a Amma y le contó su problema: "Amma, tú siempre dices que amemos a todos.

Desgraciadamente, no soy capaz de hacerlo. No puedo amar a alguien de todo corazón. ¿Qué puedo hacer?"

Amma le contestó suavemente: "Hija, no te preocupes por no ser capaz de amar a todos los seres, al menos intenta no albergar odio hacia ninguno. Eso te llevará, poco a poco, a un estado de amor hacia todo."

La devota relató más tarde: "Había hecho esta pregunta a mucha gente, incluso a algunos psicólogos. Nadie me daba una respuesta satisfactoria y práctica. Cuando Amma me dio su respuesta, inmediatamente mi corazón se sintió liberado de una gran carga."

Maitri o afecto hacia todos los seres es una característica importante de un auténtico devoto. Ya hemos visto que un verdadero devoto no alberga odio hacia ningún ser en el mundo. A través de la palabra *maitri*, el Señor Krishna nos deja claro que el rasgo característico de un auténtico devoto no es sólo la ausencia de odio, sino también un sentimiento positivo y vibrante de afecto y fraternidad hacia todos los seres. Un devoto así ve realmente al Señor en todo lo creado.

El Srimad Bhagavatam[3] señala que el que adora al Señor sólo bajo la forma de una imagen del Señor, es un devoto primitivo. Un genuino devoto adora y sirve al Señor viéndolo en toda la creación. La disposición afectuosa de un devoto hacia todos los seres, brota desde el amor verdadero. Es espontánea y surge de forma natural en él.

Por otro lado, el afecto que comúnmente vemos en el mundo está determinado por lo que nos gusta o disgusta y, normalmente, está limitado a las consideraciones que hacemos de casta, creencia, riqueza, estatus social, etc. Por lo general, se basa en

---

[3] El Srimad Bhagavatam describe con precisión las vidas de las 10 encarnaciones del Señor Vishnu, especialmente la de Krishna y su traviesa etapa infantil. Sostiene la supremacía de la devoción. Srimad significa "auspicioso".

egoísmos e intereses mutuos. El pensamiento sobre la obtención de beneficios personales, es el factor que está detrás y motiva el afecto mundano. Aunque la mayoría de las personas dedicadas a los negocios pueden mostrar afecto y comportamientos amables hacia sus clientes, se trata sólo de una apariencia externa. Su comportamiento en este sentido, mantiene la mirada sobre los beneficios que van a conseguir de sus clientes. Cuando consideran que no hay más posibilidades de obtener beneficios mostrando afecto hacia un cliente en particular, su entusiasmo decae y todo el afecto se desvanece.

Recopilé una historia que revela la clase de afecto que solemos encontrar en el mundo actual. En cierta ocasión, un niño recibió de su madre una cesta llena de tomates, y le pidió que los vendiera en el mercado. También le dijo el precio al que debía venderlos. Cuando estaba vendiendo los tomates, sus amigos se acercaron a comprarle, y él les ofreció un descuento especial. Por la tarde, el niño volvió a su casa, tras obtener un buen beneficio. La madre, que se había enterado del descuento que había hecho a sus amigos, le preguntó: "¿Cómo te las has arreglado para obtener tan buen resultado?"

El niño respondió: "Les di los tomates a un precio inferior porque eran mis amigos, y yo a cambio me quedé con algunos tomates, tras pesarlos, porque era amigo de ellos."

El afecto que un devoto siente por los demás es universal y no está contaminado por ninguna consideración egoísta. En uno de sus poemas, el Gran Maestro Adi Shankaracharya[4] nos dice: "Shiva y Parvati son mis padres, todos los devotos del Señor son mi familia, y los tres mundos son mi tierra nativa." Tulsidas, bien conocido por su traducción del Ramayana al hindi, también dijo:

---

[4] Adi Sankaracharya fue un Mahatma que restableció la supremacía de la filosofía Advaita de la no dualidad, en un momento en el que el Sanatana Dharma estaba en declive.

"No hay castas altas y bajas entre los devotos. Un devoto del Señor es ciertamente un Brahmin, aunque haya nacido en una casta baja." Había una profunda amistad entre el Señor Rama, que fue un gran rey, y el barquero, Guha. El Señor Krishna, nacido en una familia real, y Sudama, un pobre Brahmin, también fueron muy buenos amigos. Estos ejemplos nos muestran que el afecto entre grandes almas elimina toda estrecha división.

Un auténtico devoto del Señor, por su mera presencia, expande vibraciones de amor y afecto en todo su entorno. Ese afecto no se limita solo a los seres humanos, sino que abarca a toda la creación.

Uno de los ashrams establecidos por Adi Shankaracharya está al sur de la India, en un lugar denominado Sringeri, junto a la orilla del río Tunga. Existe una leyenda sobre ese ashram. Una vez, Adi Shankaracharya visitó Sringeri durante su viaje por lo ancho y largo del país. Caminó por la orilla del río Tunga y, de repente, se volvió hacia atrás atraído por algo extraño.

Una cobra había desplegado su caperuza para dar sombra a una rana preñada que se estaba abrasando al sol. Adi Shankaracharya se sentó inmediatamente y se puso a meditar a fin de entender qué había detrás de aquella escena. Se percató de que hacía tiempo había vivido en aquel lugar un gran sabio. Éste amaba a todos los seres, a los animales salvajes, serpientes y pájaros, como si fueran sus propios hijos. Por la influencia de su bendita presencia, la enemistad natural entre los animales desapareció y fue reemplazada por un sentimiento de amor y afecto. La grandeza del *rishi* (sabio) fue tal que, siglos más tarde, el afecto que había mostrado en aquel lugar seguía prevaleciendo.

Cuán verdaderos son los aforismos del sabio Patanjali:

ahiṃsā pratiṣṭhāyāṃ tat
saññidhau vairatyāgaḥ

En presencia de Aquel que está establecido en Ahimsa,
(no-violencia) toda enemistad se desvanece.

La vida de Amma es una brillante ilustración del carácter universal de *maitri*. Como encarnación de la maternidad universal, ella ama a todos por igual, ya sean ricos o pobres, jóvenes o ancianos, enfermos o sanos, más allá de cualquier tipo de distinción. El amor de Amma es tan espontáneo y natural que todos la sienten como algo propio. Para ella nadie es extraño. Hasta los mayores pecadores o las personas más duras de corazón, se han conmovido ante el amor puro que todo lo consume y el afecto de Amma.

Hace unos cuantos años, durante la celebración de un festival en un famoso templo de Kerala, se inició de pronto una pelea entre dos grupos de personas, y todo el templo se convirtió en un campo de batalla. Se impuso un toque de queda y la policía tuvo que acudir y dispersar por la fuerza a la multitud. Durante aquel tumulto, muchas personas resultaron heridas.

Había un antiguo oficial de policía que era muy bruto y pendenciero, y golpeó a mucha gente sin piedad. Pasados unos meses, estuvo realizando labores de seguridad durante la inauguración del Amrita Institute of Medical Sciences and Research Center, el hospital de Amma en Kochi, Kerala. Dado que asistía el Primer Ministro de la India, el Gobernador de Kerala y otros muchos dignatarios, se habían adoptado mayores medidas de seguridad. Este policía no había visto a Amma anteriormente y no era un devoto. Estaba allí en misión oficial.

Nada más ver a Amma, se olvidó de todo el protocolo. Se quitó la gorra y los zapatos y cayó a los pies de Amma. Normalmente, un oficial de policía no hace tales cosas en presencia de sus superiores sin obtener su autorización. Este hombre no siguió ninguna regla ni norma. Tal era el impacto que le causaba la presencia de Amma. No tenía ningún bagaje espiritual y era bien conocido por su rudo comportamiento. Si este duro policía podía sentir el amor y la compasión de Amma a primera vista y sufrir una transformación, para nosotros debería ser mucho más fácil.

El amor de Amma no se limita sólo a la humanidad, sino que abarca a todo el mundo animado. Durante el periodo de su intensa *sadhana* (práctica espiritual), perros, gatos, vacas, cabras, serpientes, ardillas y pájaros, todos buscaban su compañía y fueron sus mejores amigos. Cuando los familiares y parientes de Amma la abandonaron, y se opusieron firmemente a su vida espiritual, fueron estos animales los que permanecieron a su lado todo el tiempo, sin importarles la climatología, y ofreciéndole sus servicios.

Cuando Amma tenía hambre, un perro le traía algo de comida o las águilas dejaban caer algún pescado en el lugar donde se encontraba Amma. Un día, después de una larga meditación, Amma estaba sedienta. Cuando abrió sus ojos, vio a una vaca que estaba junto a ella, en una posición en la que Amma podía beber leche fácilmente de sus ubres. En realidad, aquella vaca había salido corriendo desde su establo, que se encontraba a unos seis kilómetros de allí. Cuando Amma permanecía mucho tiempo en *samadhi* (un estado trascendental en el que se pierde todo sentido de identidad individual), las serpientes se enroscaban en su cuerpo para que volviera su conciencia al plano normal. Cuando Amma caía inconsciente mientras rezaba con todo fervor a Devi, un perro frotaba su cuerpo o lamía su cara y brazos para que volviera en sí.

Una vez se le preguntó a Amma sobre estos sucesos, y dijo: "Cuando se abandona todo apego y aversión y se alcanza una visión ecuánime, entonces hasta los animales más hostiles nos muestran su afecto."

Incluso ahora, vemos con frecuencia a animales y pájaros que le expresan a Amma todo su afecto.

La *maitri* universal de Amma y su total identificación con toda la creación, se revela ampliamente en estas palabras que ella dirige a sus hijos: "Amar verdaderamente a Amma es amar por igual a todos los seres del mundo."

Verdad y Amor

Muchos habitantes de la zona del ashram son fervientes comunistas o ateos. Ellos nunca han deseado tener un ashram cerca de sus casas. En los inicios del ashram, intentaron por todos los medios que no siguiera adelante. Acudían en grupo y protestaban, coreaban frases ofensivas y hasta llegaron a lanzar piedras contra el ashram.

En uno de estos incidentes, un pequeño grupo de provocadores empezó a lanzar piedras al edificio del ashram. Nosotros estábamos muy enfadados y queríamos enfrentarnos a ellos, pero Amma dijo: "No, no, mantened la calma. Todo saldrá bien."

No obstante, cuando uno de los *brahmacharis* fue golpeado por una pequeña piedra, Amma se disgustó. Se conmovió al ver a este inocente muchacho refugiándose a sus pies por una pequeña herida sin importancia.

En la epopeya sobre la Guerra Mahabharata, se cuenta un interesante suceso en el que se enfrentó la verdad y el amor. Bhishma, el poderoso cabecilla militar de los Kauravas, era un gran devoto de Krishna. Las circunstancias lo forzaron a luchar contra Arjuna, que también era devoto de Krishna y estaba bajo la protección del Señor. Krishna dijo que él no cogería las armas durante la guerra, que solo sería el auriga de Arjuna. Al enterarse del deseo del Señor, Bhishma hizo otro voto. Aseguró que él conseguiría que el Señor se levantara en armas. Por tanto, luchó denodadamente contra Arjuna y Krishna. Cuando dispararon las flechas contra Krishna, éste no se perturbó lo más mínimo. Soportó las heridas con una dulce sonrisa. Al fallar su tentativa para que el Señor tomara las armas, Bhishma cambió de estrategia.

Empezó a disparar flechas contra Arjuna que, a pesar de ser un gran guerrero, no podía competir con la habilidad y experiencia del viejo cabecilla militar

Incapaz de protegerse de la lluvia de flechas, Arjuna buscó la protección de Krishna. En ese momento, Krishna ya no podía mantenerse como mero testigo. El Señor, que es la encarnación de la Verdad, estaba dispuesto a romper su promesa. Krishna saltó del carro y lanzó su arma contra Bhishma. Éste se sintió feliz al ver el aspecto enfadado del Señor, pues Krishna estaba dispuesto a caer en desgracia y cosechar mala fama al romper su promesa, con el fin de defender su compromiso con un devoto y salvar la vida de otro. Tan pronto Krishna empezó a correr hacia Bhishma, éste depuso todas sus armas y se postró ante el Señor. El amor de un Maestro por sus discípulos es tan grande que el Maestro irá a cualquier parte con tal de salvarlos. De igual forma, cuando alguien hiere a Amma, a ella no le molesta, pero cuando se ofende a alguno de sus devotos, Amma no lo puede tolerar.

Sucedió lo mismo en el caso del lanzamiento de piedras al ashram. A los pocos días del incidente, la casa del hombre que había herido al *brahmachari* quedó totalmente destruida por un rayo. Se tuvo que ir a vivir a otro lugar. En realidad, no es que Amma cause daño a esas personas. Sólo deja que experimenten su propio *karma*. Su ego y su maldad bloquean la gracia de Amma, impidiendo que llegue hasta ellos. De hecho, sus *karmas* siguen su propio curso. Ellos realmente sufren debido a sus propios actos. Amma explica: "Yo nunca castigo a nadie. Si me maltratan o me hostigan, no lo tengo en cuenta; pero cuando un devoto es maltratado, ni siquiera Dios perdona esa acción." Cada uno debe experimentar los frutos de sus propias acciones. No hay más remedio.

Hay personas tan egoístas, arrogantes e impías que no admitirán o reconocerán la grandeza de los *Mahatmas*. Siempre ha sido así, y lo comprobamos en las vidas de Rama, Krishna, Jesús y de otros grandes Maestros.

Sin embargo, también hay miles y miles de personas que han sido transformadas por la compasión y el amor incondicional de Amma. Una pareja de recién casados fue al ashram para estar con Amma. Alguien les preguntó: "¿Por qué habéis venido a ver a Amma? Acabáis de casaros y podíais haber ido de luna de miel."

Ellos contestaron: "Queremos sentir el amor de Amma." Por lo general, una pareja siente el máximo de amor en su luna de miel y durante la primera etapa de su matrimonio. Pero aquella pareja quería sentir, hasta en esa etapa de su vida en común, el amor de Amma. Por tanto, hay algo sublime, algo divino en el amor de Amma que no puede ser igualado con el amor que conseguimos de cualquier otra fuente. Por este motivo puede producir transformaciones tan importantes en nuestra vida. Incluso los animales y plantas responden a la radiante luz solar del amor de Amma.

Hace unos pocos años, un devoto de Madrás ofreció a Amma un pequeño elefante. Tenía solo un año y medio cuando llegó al ashram. Amma lo llamó Ram. Durante las primeras semanas solía llorar, sobre todo por la noche. Cuando todos los demás disfrutaban de un profundo sueño, Ram lloraba por la pérdida de su madre. Había sido separado de su madre y no había posibilidad de que se reuniera con ella. Su llanto nos despertaba a menudo.

Una noche se puso a llorar más fuerte y no quería comer. Algunos fuimos a comunicárselo a Amma. Ella nos dijo: "Si sigue llorando, traedlo aquí." Ram volvió a llorar de nuevo. El *brahmachari* que estaba al cuidado del elefante no quería molestar a Amma llevándole a Ram, aunque Amma le había dicho que lo hiciera. Mientras Ram seguía llorando, Amma salió de su habitación y pidió a algunos *brahmacharis* que lo llevaran hasta el patio que hay frente a la habitación de Amma. Ram fue conducido hasta allí y Amma empezó a acariciar amorosamente su cabeza y trompa. También le dio algunos plátanos y galletas. Mientras tanto, le preguntaba: "¿Te sientes triste, Ram? ¿Te gusta el ashram? ¿Te gusta Amma? ¿Te gustan tus hermanos del ashram? Ella le hacía todas esas preguntas, aunque él fuera incapaz de comprenderlas. Amma siguió acariciándolo al menos durante media hora, con gran cuidado y amor. A continuación, pidió a los *brahmacharis* que sujetaran a Ram a un árbol que había junto a la habitación de Amma.

Parece que el amor y el afecto de Amma le hicieron feliz pues ya no echó de menos a su propia madre. Lloró unas cuantas noches más, pero Amma preguntaba entonces por él, pedía que lo llevaran junto a su habitación y allí se pasaba un rato con Ram, acariciándolo y alimentándolo. A los pocos días, dejó totalmente de llorar. Estoy seguro de que sentía el amor y la presencia de su propia madre a través de Amma.

Ahora Ram tiene casi cuatro años. Después de los *bhajans* de la tarde, Amma suele pasar un tiempo jugando con él, alimentándolo y hablándole . Cuando Amma no lo hace, Ram se siente muy triste. A veces es desobediente y los mahouts (cuidadores) no son capaces de calmarlo, pero Amma siempre lo consigue.

Sensibilidad Sutil

Cuando aumentan las cualidades negativas en las personas, sus acciones perjudican la armonía universal. Si esta armonía se ve alterada, pueden producirse calamidades.

Nosotros no somos capaces de sentir esa falta de armonía porque nuestras mentes no son suficientemente sutiles. Sin embargo, podemos reconocer sus efectos. Los terremotos, ciclones, inundaciones y otras calamidades naturales, son síntomas de esa carencia de armonía. En los primeros tiempos, había más armonía y menos desastres. Ahora la situación ha cambiado. Las calamidades naturales se han convertido en algo común. Aunque nosotros no sintamos la falta de armonía en el cosmos, los *Mahatmas* como Amma pueden sentirla.

Cuando Amma decidió construir un ashram en Madurai, me pidió que buscara un terreno para construirlo. Con la ayuda de los devotos de la zona, encontré lo que pensaba que era una buena parcela de tierra por muy buen precio. En nuestro camino de regreso del programa de Amma, celebrado en Chennai (antigua Madrás), Amma decidió parar y bendecir el terreno a petición mía. Pero cuando llevé a Amma a que lo viera, ella levantó sus brazos en alto y exclamó: "¡Oh, Dios mío! ¡El dinero de mis hijos de Madurai va a hundirse en el fango!" Los otros devotos que estaban presentes y yo mismo, nos quedamos abatidos cuando vimos la reacción de Amma. Mi mente no era lo bastante sutil para sentir las vibraciones negativas que había allí. Pero Amma podía sentirlas al momento.

Tras una investigación descubrimos que nadie quería aquella parcela de tierra; por ese motivo podíamos comprarla a tan buen precio. El terreno estaba a la derecha de una de las mayores autovías de Tamil Nadu. Ese tramo de la carretera era infame por el elevado número de extraños accidentes mortales que habían ocurrido allí. Eran frecuentes las colisiones frontales y las vueltas de campana, algunos autobuses habían volcado y muchas personas habían perdido la vida. Además de eso, algunos se habían suicidado colgándose de un árbol que estaba allí cerca.

Desde el principio, la construcción estuvo rodeada de extrañas dificultades. Una vez, la tienda provisional en la que guardábamos el cemento y los materiales se incendió y lo perdimos todo. Muchas veces comprobamos que alguna pared u otras estructuras no habían sido levantadas de acuerdo con los planos, por lo que teníamos que demolerlas y reconstruirlas. Equipos completos de trabajadores nos dejaban a los pocos días, diciendo que no querían volver más a aquel lugar. No habíamos tenido nunca estos problemas en la construcción de ningún otro ashram. Normalmente se suele tardar unos seis meses en construirlos, pero el de Madurai costó tres años y se gastó tres veces más. La predicción de Amma se había cumplido al cien por cien.

Después de tres años de obras, Amma dijo que quería consagrar el templo, aunque no se hubiera terminado del todo. Tras la consagración de Amma, los trabajos restantes de construcción salieron adelante fácilmente y sin ninguna dificultad. De hecho, aquel tramo infame de carretera junto al ashram es ahora más famoso por otro motivo: no ha habido un solo accidente en aquella curva que conoció tantos accidentes mortales. El árbol cercano en el que algunos se habían ahorcado, cayó derribado durante una tormenta. Aquella zona, abandonada y desolada en otros tiempos, se ha convertido en un espacio habitable en el que abundan casas, tiendas y otros establecimientos. Por su *sankalpa* (resolución divina), Amma ha transformado un maleficio en una bendición. Alguien le preguntó a Amma por qué había elegido un lugar maldito e indeseado para construir su templo. Amma contestó que si elige esos lugares es porque las vibraciones negativas que hay en ellos pueden convertirse en positivas.

Amma no es solo sensible a las vibraciones negativas. Una vez le pedimos a Amma que nos llevara a Tiruvannamalai, un lugar sagrado en Tamil Nadu. Durante el trayecto en furgoneta, Amma nos contaba historias y nos gastaba bromas. Un *brahmachari* se quedó dormido y Amma derramó un poco de agua en su boca y le puso algo en su nariz. Mientras jugaba con nosotros, el vehículo pasó por una aldea. De pronto, Amma se quedó muy seria. Cerró sus ojos y unió sus manos para hacer un *mudra* (gesto que tiene un significado espiritual). Durante diez o quince minutos permaneció sentada en estado meditativo. Todos nos quedamos en silencio. Después abrió sus ojos y, a los pocos minutos, empezó a hablar de nuevo. Nosotros no sabíamos por qué lo hacía. Tan pronto paramos para tomar un té, se acercó un grupo de personas al ver que íbamos vestidos de blanco y llevábamos el pelo largo y barbas. Nos preguntaron si veníamos del ashram de un *swami* que vivía en una aldea cercana. Nosotros no habíamos oído nunca hablar de ese *swami*.

Algunos mostramos curiosidad por saber algo de aquel swami, y preguntamos por él y por su ashram. Nos dijeron que a veinte millas del lugar en el que nos encontrábamos, había un *avadhut* (santo cuyo comportamiento no se atiene a ninguna norma social), que parecía un mendigo y vivía en soledad, y que apenas hablaba, salvo para emitir algunas palabras extrañas y sonidos. Entonces recordamos que había sido por aquel lugar en donde Amma, de repente, había entrado en un estado meditativo.

Más tarde, Amma dijo que había sentido la fuerte vibración de compasión que había en aquel lugar.

Estos sucesos nos muestran lo sensitiva que es Amma. Yo no había sido capaz de sentir las vibraciones negativas de un terreno, ni tampoco las positivas que emanaban del *avadhut* y su ashram. Sin embargo, Amma sintió ambas sin que nadie le dijera nada sobre estos lugares. De forma similar, Amma conoce cualquier alteración que se produce en el mundo. Puede sentir y percibir cualquier cosa del universo, sin que esté físicamente allí.

Capítulo 5

La importancia de tener un Gurú

¿Por qué necesitamos un Gurú?

"Aunque el viento sopla en todas direcciones, solo disfrutamos de su fresca brisa bajo la sombra de un árbol. De igual modo, los que viven en el calor abrasador de la existencia, precisan de un Gurú."

— Amma

Muchas personas se preguntan por qué necesitamos un Gurú. Incluso, cuando tenemos que aprender algo tan sencillo como el alfabeto, necesitamos la ayuda de un maestro. Si precisamos un maestro para aprender tan sólo 28 grafías, ¡cuánto más necesario lo será para llegar a dominar la complejidad de la vida espiritual!

Consideremos el caso de alguien que viaja a un lugar en el que no ha estado antes. Puede que disponga de un mapa para llegar a su destino, pero a lo largo del viaje puede encontrarse con caminos en malas condiciones, trayectos frecuentados por ladrones, que haya desvíos o animales salvajes. Todos esos detalles no aparecen en el mapa. Para llegar en buenas condiciones a su destino, nuestro viajero necesita la guía de alguien que ya haya transitado por esa ruta.

De forma parecida, para viajar por el camino espiritual, necesitamos un guía que conozca la meta, las curvas, los giros y los baches del camino, y que conozca nuestras fuerzas y debilidades. En Amma tenemos la guía suprema del camino espiritual. No sólo sabe el camino, sino que anhela caminar con nosotros, dándonos la mano e iluminando el camino a medida que avanzamos por él.

La práctica espiritual puede ser comparada a un tónico. Tomado en su justa medida, será bueno para nuestra salud. Pero si tomamos en demasía, puede causarnos problemas inesperados. Igualmente, la práctica espiritual, realizada de modo correcto y en la medida adecuada a nuestra constitución, nos proporcionará salud física y mental. Pero si nos excedemos, puede causarnos problemas. Solo un *Satgurú* puede juzgar adecuadamente cuál es la mejor prescripción espiritual para cada persona.

Una mujer que padecía una gran obesidad se compró un libro sobre cómo adelgazar. El libro le recomendaba diferentes tipos de soluciones. Ella seleccionó una de las que había leído en el libro: "Tome una píldora X cada dos días y los otros días no tome nada, siga así durante seis meses."

Transcurridos tres meses, la mujer ya había perdido 20 kilos. Pero empezó a sufrir dolores de cabeza, fatiga muscular y deshidratación. Empezó a preocuparse y, al final, fue a visitar a un médico. Éste se quedó sorprendido al enterarse de lo mucho que había adelgazado aquella mujer en tan poco tiempo, y dijo: "Está claro que el tratamiento funciona." Tal vez esos síntomas que padece son efectos colaterales de las píldoras que está tomando."

"Oh, no, las píldoras van bien", dijo la mujer. "¡Lo que me está matando son los días que no como nada!"

También vemos la importancia de tener un Gurú al observar las vidas de los *Avatares* (encarnaciones divinas que vienen al mundo con el fin de ayudar a los demás), como las de Rama y Krishna. Aunque vinieron al mundo con la sabiduría del Ser Supremo y no tuvieron necesidad de un Gurú, ellos se convirtieron en discípulos para demostrar al mundo la grandeza del Gurú.

El significado de "Gurú"

Los Vedas, los textos más antiguos y los más sutiles tesoros espirituales de la humanidad, empiezan con la invocación al fuego: "*Agnimeele purohitam...*" La palabra *agni* (fuego) en ese verso se refiere a la pureza de Conciencia que lo ilumina todo. También representa al Gurú, pues la sílaba "gu" significa oscuridad y "ru" significa "eliminación". Ciertamente, la palabra Gurú expresa el significado de "fuego que disipa la oscuridad interior." La oscuridad interior es la oscuridad de la ignorancia.

También he oído decir a Amma que las almas realizadas en Dios pueden adoptar el *karma* de otros y hacer que arda en el fuego de su propio Auto-conocimiento.

Gurú también tiene otro maravilloso significado: "pesado." Con ese significado no nos referimos al peso, pues si así fuera, muchas personas cumplirían los requisitos para ser Gurú. Un auténtico Maestro es pesado por su gloria espiritual y su grandeza. En la astrología india, el planeta más grande y pesado, Júpiter, es denominado el planeta Gurú. El Señor Krishna, aunque solo era un pequeño pastor de vacas, fue considerado el Gurú universal por su grandeza espiritual. En el *Srimad Bhagavatam*, se cuenta que sólo siete personas llegaron a saber realmente quién era Krishna durante su tiempo de vida. Muchos grandes maestros, como Krishna, Rama y Jesús, sólo fueron aceptados ampliamente como *Avatares* después de su tiempo de vida. Deberíamos reconocer lo afortunados que somos de saber que nuestra Amma es divina mientras está en el cuerpo físico. Gracias a la compasión de Amma, ella permite que muchos de nosotros experimentemos su divinidad y grandeza.

La mayoría de nosotros puede decir que ha tenido muchas experiencias maravillosas con Amma. Sin embargo, si una de nuestras peticiones no se materializa, nos olvidamos de todas nuestras experiencias anteriores. Cuando mostramos nuestra devoción, si Amma no nos corresponde, entonces pensamos que Amma ya no cuida de nosotros o que no conoce el amor que sentimos por ella. De hecho, Amma quiere que desarrollemos nuestra fe y fuerza interior. No puede seguir jugando a lo que nos gusta o complaciendo nuestros caprichos. Amma nos dice: "Cuando tengas dudas, haz un recuento de tus experiencias con el Gurú y recuerda las distintas formas en las que se ha expresado la grandeza y la compasión del Gurú. Piensa en esas experiencias y trata de reforzar tu fe." Deberíamos progresar por el camino espiritual, apoyados en esas experiencias y acontecimientos vividos.

Una fuente de conocimiento espiritual

La ciencia y la tecnología han causado un gran impacto en nuestras vidas. Los inventos, aparatos y comodidades que disfrutamos actualmente, nadie los podía concebir hace unas cuantas décadas. Sin embargo, ha aumentado en la misma proporción el desasosiego y el sufrimiento de la mente humana.

Los datos estadísticos nos muestran que miles de personas se suicidan cada año. No se trata de una cifra pequeña. La gente no sabe cómo encontrar contentamiento interior. Intentan encontrar alivio en las posesiones materiales, en las relaciones personales, en los espectáculos, el alcohol o las drogas..., y cuando todo esto falla, algunos piensan en el suicidio. Para esas personas, la vida es desdichada porque no pueden encontrar en ninguna parte la felicidad perdurable. En muchos lugares del mundo actual se han abandonado buenos modelos de vida, y ¿qué se puede decir de la calidad de vida? El incremento de los suicidios, de los delitos y de la violencia es sólo un síntoma del declive del bienestar psicológico.

Hace dos generaciones no eran tan comunes el suicidio, la adicción a las drogas y los problemas síquicos. Entonces era mucho más habitual creer en Dios, en un poder divino que guía nuestras vidas. Era esa creencia en Dios y el compromiso con los valores en los que se basaba la vida, lo que ayudaba a aquellas primeras generaciones a superar las desdichas y a encontrar equilibrio. Cuando nos sentimos felices, tenemos salud y riqueza, creemos que no necesitamos a Dios. Esa perspectiva es errónea. Dios no es un botiquín de emergencia. Es necesario tener presente a Dios para nuestro bienestar mental y emocional. Este principio se refleja muy bien en la paz y la felicidad que experimentamos tras realizar simplemente una sencilla práctica espiritual.

Amma dice que la vida es una mezcla de placer y dolor y que la espiritualidad nos enseña a mantener un equilibro mental en todas las circunstancias. Sólo entonces podemos llevar una vida pacífica. Sin la guía de la espiritualidad, nuestros pensamientos, acciones o cualquier pequeño problema puede afectarnos profundamente. ¿Qué podemos hacer para mantenernos ecuánimes? Amma nos da un ejemplo:

Hay un espacio en el que la gente puede ver segura los fuegos artificiales. Si una persona sabe que van a empezar y pasa por esa zona, no se asustará por el sonido de una explosión. Si otra persona pasa por allí y no sabe lo que va a suceder, se sobresaltará tan pronto exploten a su lado los fuegos artificiales. Igualmente, una persona que comprende la naturaleza del mundo, no se sorprende por las repentinas calamidades.

Para todo en la vida es necesaria una base espiritual. Compasión, amor y servicio desinteresado deberían estar presentes en todas nuestras relaciones. Sólo aquellos que tienen una base interna de espiritualidad y de valores vinculados con ella, pueden mantener una relación de amor con los demás seres. En esta época, se rompen muchos matrimonios. Qué diferente sería si tanto el marido como la esposa supieran perdonarse y olvidar las faltas del otro.

Cuando una persona va a un psicólogo o a un psiquiatra por un problema como la depresión, el especialista le aconsejará al paciente que se relaje y que practique pensamientos positivos, meditación, etc., a fin de vencer la depresión. Algunos psiquiatras no utilizan la palabra meditación para referirse a su tratamiento, sino que usan otros nombres como "visualización creativa."

Tal como han dicho santos y sabios durante miles de años, volvernos hacia Dios y seguir una práctica espiritual ayudan a desarrollar valores que nos dan paz mental en este mundo complejo y cambiante. Sólo hay que seguir el consejo de los Maestros para prevenir la depresión y no llegar a ser pacientes de un psiquiatra.

Un ejemplo de amor desinteresado

Las Escrituras dicen: *"Atmanastu kamaya sarvam priyam bavathi,"* lo que significa "Por el bien de nuestra propia felicidad, amamos los objetos y a otras personas." Amamos a los demás y a los objetos mientras nos hagan felices. Desgraciadamente, la base de esta verdad es que nos amamos a nosotros mismos más que a los demás. Casi todos buscan amor, mientras que son muy pocos los que están dispuestos a dar amor sin esperar nada a cambio. Si esperamos algo cuando damos amor, eso no puede considerarse puro amor. Más bien sería un trato comercial con el fin de obtener beneficios. Es bien triste, pues el amor no es un producto de consumo que tenga un valor específico. Lo que se comercializa en nombre del amor no es en absoluto amor. Es como una fruta de plástico que satisface a la mirada, pero que no puede alimentar a nuestro cuerpo y alma.

Un hombre infeliz piensa que encontrará la felicidad si se casa, y una mujer cree que si se casa dejará de ser infeliz. De esa manera, una persona infeliz se casa con otra que también lo es. Habrá, por tanto, dos personas infelices viviendo juntas. Serán felices durante un tiempo, pero los problemas saldrán a la superficie tarde o temprano.

Muchas esposas y esposos se pelean y se separan. Al principio se amaban mucho. Durante la luna de miel se decían: "No puedo vivir sin ti ni un solo momento." Después de unos cuantos años, sienten lo contrario: "No puedo vivir contigo ni un momento más."

Esa es la naturaleza del amor mundano. Se basa siempre en expectativas, y cuando éstas no se cumplen, desaparece el amor. Puede, incluso, volverse en odio. Todos deseamos un amor incondicional, pero lo único que recibimos es un amor condicionado. Los esposos se aman al principio; pero, al final, se deteriora su amor porque estaba basado en motivos egoístas. Una vez se marchita el encanto de la novedad, encuentran que no les satisface el amor que reciben de su pareja.

Amma siempre dice: "Cuando hay amor mutuo, comprensión y confianza, nuestros problemas y preocupaciones disminuyen. Cuando estas cualidades están ausentes, crecen los problemas. El amor es el fundamento de una vida feliz. Consciente o inconscientemente, estamos olvidando esta verdad. Al igual que nuestros cuerpos necesitan alimento apropiado para vivir y crecer, nuestras almas necesitan amor para desarrollarse adecuadamente. La fuerza y el alimento que el amor da a nuestras almas es muchísimo más potente que el poder alimenticio de la leche materna para un bebé."

Amma nos dice que amemos a los demás sin esperar nada a cambio, y que trabajemos para conseguirlo. Nosotros podemos ver este amor desinteresado en un Maestro Auto-Realizado. Él nunca espera nada de nadie.

Presencia curativa

Puede que tengamos muchos problemas en nuestra vida, pero cuando estamos en presencia de un *Satgurú* como Amma, nuestra mente se calma y nuestros problemas desaparecen. He visto a muchas personas que se han acercado a Amma con preguntas y dudas, pero en cuanto descansan en su regazo o son abrazadas por ella, todas sus preocupaciones se desvanecen. Después del *darshan* se dan cuenta de que se han olvidado de formular sus preguntas. A menudo comprueban que lo que antes era un problema crucial, deja de preocuparles del todo. A cierto nivel, se ha producido una transformación. Ese es el beneficio de estar en la presencia divina de Amma.

Cuando Amma estuvo en Chicago, en 1993, en el Centenario del Parlamento de las Religiones del Mundo, se le pidió que realizara las oraciones finales y transmitiera un mensaje. Los devotos llevaron el coche hasta la puerta del estrado para que, nada más acabar la función, Amma pudiera subir al coche tan pronto como le fuera posible, pues de otra manera la gente se arremolinaría alrededor de ella. Mientras el Dalai Lama y otras importantes personalidades estaban en el estrado junto a Amma, había un importante dispositivo de seguridad. Por este motivo, fue difícil conseguir permiso para que el coche de Amma estuviera cerca de la puerta del estrado. Una vez concluida su plegaria y mensaje, Amma se encaminó desde el estrado hacia el coche. Entonces vio un guardia de seguridad discutiendo con un devoto. El guardia tenía el rostro rojo de ira y cada vez gritaba con más fuerza. Amma se dirigió directamente a él, acarició su pecho y le dio un abrazo. Él se quedó totalmente sorprendido por este inesperado abrazo amoroso y tranquilizador.

El guardia que había estado insistiendo en que, por razones de seguridad, los devotos tenían que mover el coche de allí y llevar a Amma a través de la puerta asignada y no a través de ninguna otra puerta, ¡se puso a escoltar a Amma hasta el coche y hasta le abrió la puerta! Bastó un solo toque para que cambiara. Al año siguiente, cuando Amma fue a Chicago, él era la primera persona que aguardaba en la fila del *darshan*.

Cuando una flor se abre completamente, cualquiera que pase por allí recibirá el regalo de su fragancia. De igual forma, Amma está derramando amor, compasión y gracia. Cualquiera que pase junto a ella se beneficiará de forma natural.

En cierta ocasión visité el hogar de uno de los devotos de Amma. Vivía allí una joven cuya habitación estaba llena de fotos indecentes. Los padres eran unos firmes devotos de Amma, pero la hija rechazaba encontrarse con Amma. Por ese motivo su madre se sentía muy apenada. Al año siguiente, la misma chica cayó de rodillas ante Amma y lloró abundantemente. Tan pronto llegó a su casa quitó todas las fotografías indecentes de su habitación. Poco tiempo después, cuando visité aquel hogar, sólo vi dos imágenes en su habitación. Una era la de Amma y la otra era una foto de la chica con Amma. Nadie le tuvo que decir que quitara las otras imágenes, lo hizo por sí misma.

Superar nuestros gustos, aversiones y tendencias negativas es muy difícil, pero en presencia de una Gran Maestra como Amma resulta mucho más fácil. Incluso puede surgir espontáneamente.

Una manifestación de la compasión de Dios

na me pārthā 'sti kartavyaṁ triṣu lokeṣu kiṁcana
nā 'navāptam avāptavyaṁ varta eva ca karmaṇi

No tengo el deber de actuar, no hay nada en los tres mundos no realizado que aguarde su realización, y sin embargo, siempre actúo.

— *Bhagavad Gita*, capítulo III, versículo 22

Amma dice que los *Mahatmas* son los portadores de la compasión de Dios y los vehículos de la gracia de Dios. Algunas Escrituras dicen que los *Mahatmas* son incluso mucho más compasivos que Dios, pues ellos vienen al mundo por ninguna otra razón que la de ayudar a elevarnos. Ellos ya han alcanzado lo que tiene que alcanzarse con el nacimiento humano. Ya han logrado la plenitud. No desean nada más que dar. Podrían permanecer en un estado constante de infinito gozo. En su lugar, eligen abandonar ese estado de dicha y descender a nuestro plano de conciencia para ayudarnos.

Amma dice: "Mi único objetivo es hacer que mis hijos sean felices en este nacimiento y en todos los nacimientos futuros." Amma escucha los problemas de miles de personas, día y noche, y lo ha estado haciendo durante los últimos 30 años. Además, se ha encontrado personalmente, ha abrazado y escuchado los problemas y dificultades de más de 30 millones de personas. No son necesarios otros ejemplos para probar la amplitud de su compasión. Amma no tiene necesidad de hacerlo y, si lo hace, es por nuestro bien.

Aunque nunca se siente triste por sí misma, está triste y preocupada cuando sus devotos lo están. Ella es tan dura como un diamante, pero cuando se acerca a sus hijos, es tan suave como una flor. Nuestras penas se reflejan en su mente y se conmueve ante ellas. La vida de Amma está dedicada al bien de aquellos que buscan su ayuda.

Si le rezamos de todo corazón, todo quedará bajo el cuidado de Amma. Muchos problemas se resolverán y conseguiremos la fuerza y el coraje para aceptar y hacer frente a lo que se presente. Cuando te acercas a un *Mahatma*, la complejidad de la vida parece simplificarse.

Había una pareja en la India que tenía un solo hijo. Los padres eran profundamente religiosos, y le aconsejaban a su hijo que rezara a Dios, aunque él nunca prestó atención a aquellos consejos. Por tanto, jamás rezó a Dios. Un día, se le ofreció un empleo en Oriente Medio, y decidió aceptarlo. Sus padres, que eran devotos de Amma, le pidieron que fuera a verla antes de partir pues iba a una lejana tierra y tardaría dos o tres años en volver. Le pidieron que llevara toda la documentación de su nuevo empleo a Amma para que la bendijera. Como no quería desobedecer a sus padres ni dejarlos preocupados, decidió ir a ver a Amma antes de su partida.

Llegó al ashram al día siguiente con toda su documentación: pasaporte, visado y nombramiento, para que fueran bendecidos. Cuando pasó el *darshan*, Amma le preguntó: "¿Vas a aceptar este trabajo?" El muchacho dijo: "Sí." Amma no dijo nada. Cerró sus ojos durante un momento y lo bendijo.

Volvió a su casa en autobús. Estaba tan cansado que se quedó dormido. Cuando abrió los ojos, descubrió que su cartera con todos los documentos había desaparecido. Se quedó atónito, sin dar crédito a lo que le había ocurrido. Enseguida cambió su sorpresa por un arrebato de furia. Bajó del autobús y corrió hasta su casa como un loco. Estuvo a punto de golpear a sus padres pues pensó que toda su vida se venía abajo por culpa de ellos. Les dijo que tenían la culpa de que hubiera ido a ver a Amma, y que por ese motivo lo había perdido todo. Sus padres estaban hundidos pues no sabían qué respuesta dar a su hijo o cómo consolarlo.

Al día siguiente fueron a ver a Amma y le contaron, llenos de lágrimas, lo que le había pasado a su hijo el día anterior. También le contaron que habían ido a verla sin que él lo supiera. Amma les dijo que no se preocuparan y que todo iría bien. Al cabo de poco tiempo, estalló la guerra en el Golfo Pérsico. Aquel joven había conseguido trabajo, junto con otros amigos, en Irak, y algunos de sus compañeros ya se encontraban allí. El edificio en el que se suponía que tendrían que trabajar fue bombardeado.

Muchas personas murieron y algunos de sus colegas resultaron seriamente heridos.

Algún tiempo después, la policía local llamó al muchacho para decirle que habían encontrado su cartera. El ladrón parecía que se había comportado relativamente bien, pues sólo se había quedado con el dinero y alguna otra cosa que le interesaba, tirando la cartera en la carretera junto a la comisaría de policía, sin manosear ni dañar los documentos del viaje. Alguien encontró esa cartera abandonada y rápidamente la llevó a la policía.

Cuando le contaron a Amma lo que había sucedido, ella dijo: "Sabía lo que iba a ocurrir, pero si le hubiera pedido que no aceptara el trabajo, no me habría escuchado, y si se hubiera ido allí a trabajar, podría haber quedado gravemente herido o haber encontrado la muerte. Ese fue el único modo de salvar su vida."

Poco tiempo después, le ofrecieron a aquel muchacho un buen trabajo por la gracia de Amma. Sin embargo, en aquel momento, lo que él realmente deseaba era ingresar en el ashram. Eso era lo que los padres habían estado implorando.

Muchos devotos de Amma tienen la experiencia de que ella les ayuda personalmente. Desde luego, si somos capaces de llamarla de todo corazón, ella nos responde. Cuando tenemos un problema de verdad, invocamos a Dios sinceramente, desde lo más profundo. Cuando nos sentimos felices y rezamos a Dios, puede que haya menos sinceridad en nuestra plegaria. Cuando sufrimos, nuestra invocación tiene mayor profundidad y devoción. A veces, Dios hace que nos enfrentemos a algún problema para que no nos olvidemos de acercarnos sinceramente a Él.

Hay un ferviente devoto de Amma en Bombay a quien le diagnosticaron cuatro obstrucciones en su corazón. Los médicos decidieron hacerle una operación a corazón abierto. Él se sentía muy temeroso y preocupado por esta razón. Sus hijos también estaban inquietos y llamaron al ashram para comunicárselo a

Amma. El padre se puso a implorarle a Amma, a través del teléfono, por el temor que sentía. Amma le dijo: "No te preocupes, hijo mío, todo irá bien." Amma envió su prasad[5] a este devoto a través de otro devoto que iba a Bombay al día siguiente.

Dos días antes de la intervención, el jefe de cirugía decidió hacer una última prueba antes de operar. El médico se quedó totalmente asombrado cuando descubrió que sólo había una pequeña obstrucción. El jefe de cirugía consultó con sus colegas y decidieron que no era necesario operar inmediatamente. Tras tomar algunos medicamentos y seguir una dieta, el devoto recibió el alta médica a los pocos días. Se fue a su casa bien contento, agradeciéndole a Amma su intervención.

Han pasado casi ocho años desde que este milagro tuvo lugar, y hasta ahora no ha necesitado someterse a ninguna operación de corazón.

Una invocación sincera puede hacer maravillas, especialmente cuando contamos con un Maestro vivo. En lugar de malgastar nuestra vida persiguiendo objetos sin sentido, deberíamos procurar hacer todo aquello que nos aporte la gracia de Dios. Sin la gracia divina, la vida nos resulta seca y vacía. Intentemos emplear nuestro tiempo, energía, talento y capacidades físicas para obtener esa gracia.

Una oportunidad de sentir a Dios

Constituye una formidable oportunidad permanecer en contacto con un *Mahatma*. Puede que tengamos fe en Dios, pero es difícil mantener una relación cercana porque no es posible verlo o comunicarse con Él directamente. En presencia de un *Mahatma*, podemos sentir y experimentar a Dios porque un *Mahatma*

---

[5] Prasad es algo bendecido por el Gurú u ofrecido a una deidad. Por lo genral, se trata de comida.

siempre está establecido en la conciencia de Dios; una persona así es una con Dios.

El lazo de unión que establecemos con un *Mahatma* siempre estará en nuestro corazón, y podemos sentir su protección a nuestro alrededor. Como una madre gallina que protege a sus polluelos bajo sus alas, Amma protege a sus hijos allí donde estén.

Una noche, Amma y los *brahmacharis* estaban sentados en la arena, en la parte del ashram más próxima a la laguna marina. Amma de pronto cerró sus ojos y entró en profunda meditación. Después de un tiempo, cuando Amma abrió sus ojos, un *brahmachari* le preguntó: "Amma, ¿en quién estabas meditando?" Amma le contestó que ella piensa en sus hijos durante ese tiempo, y de una forma sutil va hasta aquellos que le rezan con gran anhelo. Más tarde, Amma dijo que en ese momento una devota de Amma, cuyo marido se oponía a que ella visitara el ashram, estaba llorando amargamente ante la imagen de Amma, en el altar que tenía en su habitación. Después nos enteramos, a través de aquella devota, que había tenido una visión de Amma en aquel momento y que se había sentido gratamente consolada al descubrir que Amma estaba con ella incluso en su propia casa.

Es la compañía de un Gran Maestro lo que nos ayuda a fortalecer nuestra mente. El amor del Maestro nos permite aceptar todo lo que se nos presenta en el camino y afrontar los retos de la vida. Somos sumamente afortunados de tener a Dios, encarnado bajo la forma de la Divina Madre Amma, viviendo entre nosotros.

Realmente, no tenemos que preocuparnos de nada, pues podemos estar seguros de que Amma siempre nos protege. Cuando aparece un problema en nuestra vida, es tranquilizador saber que Amma es consciente de él y que nos ofrecerá su ayuda y apoyo. Esta convicción nos da gran alivio y consuelo. La confianza inocente propia de un niño y el amor hacia el Maestro, son el inicio de nuestra evolución espiritual.

Amma está intentando generar en nosotros conciencia espiritual y cualidades positivas como el amor y la compasión. Ella se pone como ejemplo a través de su forma y modo de vida. Cada uno de nosotros tiene estas cualidades en su interior. Por ejemplo, hasta el delincuente más duro rebosa amor al ver a su propio hijo. Un *Mahatma* crea situaciones para ayudarnos a desarrollar y manifestar estas cualidades afectivas. Cuando ese amor despierta en nosotros, las cualidades negativas desaparecen gradualmente.

Muchos de nosotros acudimos a Amma para conseguir su bendición con el fin de que se cumpla un deseo o se solucione un problema. Amma dice que al anhelar el objetivo más alto, podemos alcanzar objetivos menores. Cuando estamos con un *Satgurú*, podemos vencer muchos de nuestros deseos gracias al amor por él o ella. A causa de nuestro deseo de vivir con Amma en el ashram, muchos de nosotros hemos abandonado los deseos por las cosas mundanas.

Deberíamos ser capaces de mantener una relación viva, una comunicación cercana con Dios. Amma suele decirnos que durante el periodo de su *sadhana*, ella rezaba intensamente a Devi para que se revelara y, a veces, se enfadaba con Devi si no le daba su *darshan*.

Si podemos desarrollar tal intimidad con Dios y somos capaces de dirigir todas nuestras emociones y sentimientos hacia Dios, podemos deshacernos de todas nuestras tendencias negativas. Amma dice: "Cuando estés enfadado, dirige todo tu enfado hacia Dios. Si te sientes triste, entrega tu pena a Dios. Siéntate ante tu altar o entra en tu habitación de meditación y cuéntale todo lo que tengas en tu corazón a Dios, igual que un niño se expresa abiertamente ante su madre. Esto será un gran alivio para ti y restaurará la paz y la quietud interior."

Una oportunidad para aprender sobre nosotros

Todos tenemos mucha alteración mental. En cuanto llegamos a un verdadero maestro, parece como si el Maestro contribuyera a esa alteración, ¡como si no tuviéramos bastante con la que teníamos! El Gurú creará determinadas situaciones y nos dirá: "Mira, ese es tu problema". De esa forma el Gurú hará que tomemos conciencia de la negatividad que hay en nuestro interior. Esta es una parte importante del trabajo del Gurú. Necesitamos ser conscientes de nuestros defectos a fin de corregirlos.

Es muy difícil que aceptemos nuestras propias faltas y debilidades; en su lugar, tendemos a culpar a los otros. Hay momentos en que la mente es muy negativa. A veces, aunque tengamos al mejor Gurú del mundo, proyectamos nuestra negatividad y defectos sobre el Gurú y lo acusamos de nuestras limitaciones. Hasta podemos llegar a abandonar al Gurú, pensando: "No me conviene este Gurú, voy a buscar otro."

Nosotros siempre hemos tenido esa alteración mental, pero es ahora cuando, poco a poco, nos hacemos conscientes de ella. Pensamos: "Antes de encontrarme con Amma, era una bellísima persona, casi un santo. Ahora que estoy con Amma, surge dentro de mí mucha negatividad." Naturalmente, pensamos que algo no funciona bien con Amma. Esa es nuestra forma natural de enjuiciar las cosas. El Gurú crea las situaciones sólo para hacernos conscientes de que tenemos esos defectos, y a partir de ese momento el Gurú nos ayuda a vencerlos.

Cuando observamos de forma superficial nuestra mente, podemos pensar que no tenemos ningún *vasana* (tendencia latente) negativo. Pero cuando profundizamos en la mente, encontramos mucha negatividad y deseos. Amma nos da un ejemplo para ilustrar esta cuestión. Una habitación puede parecer que esté limpia a primera vista, pero cuando empezamos a fregarla con agua y jabón, vemos que todavía tiene mucha suciedad. Para que nuestros *vasanas* negativos salgan a la superficie y podamos verlos, se necesita una situación y ambiente adecuados, y un Maestro sabe cómo crear esas situaciones. Amma nos pone el ejemplo de una serpiente en hibernación. Durante el periodo de hibernación, la serpiente no reacciona ante nada, pero tan pronto despierta, reacciona ante la más ligera provocación.

Swami Amritatmananda, uno de los discípulos más antiguos de Amma, nos cuenta una experiencia de sus primeros días como discípulo de Amma, en la que nos muestra cómo ella hace aflorar nuestras cualidades negativas a la superficie. Una vez, en un esfuerzo por destacarse, le dijo a Amma si podía hacerle una pregunta difícil en medio de un grupo de padres de familia y *brahmacharis*. Pero Amma se limitó a contestar: "Querido hijo, tú no comprenderías la respuesta."

Anteriormente, Amma había alabado a Swami Amritatmananda (entonces Armes Rao), diciéndole que tenía una gran capacidad de discernimiento. Por tanto, aquella crítica no podía soportarla. Se sintió tan hundido que decidió irse a Kanyakumari (el cabo más meridional de la India, un lugar de peregrinaje a 200 kilómetros de distancia), durante dos días, como señal de protesta.

Paseando por Kanyakumari, se encontró de pronto junto al ashram de la *avadhut* Mayiamma. En aquel momento no estaba allí Mayiamma, pues un devoto la había invitado a visitar otra ciudad. Mientras Swami Amritatmananda observaba la puesta de sol, con el corazón entristecido, uno de los devotos de Mayiamma se acercó a él. Sosteniendo un recipiente de comida, el devoto señaló una manada de perros tumbados allí cerca y dijo: "Estas criaturas no beben ni siquiera agua porque no está ni pueden ver a Mayiamma. He hecho todo lo que he podido para conseguir que coman. Si tú les ofreces esta comida, quizás ellos coman." Swami Amritatmananda siguió su mirada. Unos cincuenta perros estaban tumbados allí con las piernas extendidas, sus barbillas pegadas al suelo y sus ojos cerrados. Un reguero de lágrimas cubría el rostro de muchos de ellos. Maravillado, se volvió hacia el hombre. Sin pausa alguna, el devoto continuó: "Cuando Mayiamma no está aquí, estas criaturas no comen nada. ¿Existen realmente seres así?

Con el recipiente de comida en la mano, Swami Amritatmananda se acercó a los perros. Pero éstos no respondieron, ni siquiera abrieron sus ojos. Sin apenas moverse, continuaron tumbados allí, como si estuvieran en *samadhi*. Después de un rato, cuatro o cinco perros levantaron la mirada hacia él y volvieron a su postura original. Él no hacía más que preguntarse: ¿Cómo pudieron estos perros adquirir este desapasionamiento? ¿Qué inestimable tesoro ha dado Mayiamma a estos perros?

Su mente voló a Amritapuri. Una reluciente imagen de Amma sonriendo amorosa y compasivamente, invitándole a que acudiera hacia ella, apareció ante él y, a continuación, se desvaneció. Fuera de control, gritó con todas sus fuerzas: "¡Amma!" Tras devolverle el recipiente de comida al otro hombre, volvió a Amritapuri tan rápido como pudo.

Cuando llegó al ashram en las primeras horas de la mañana, vio a Amma sentada en la terraza del *kalari* (pequeño templo). Se postró ante ella y se quedó a su lado, sintiéndose culpable. De pronto, un perro pasó por allí. Mirando al perro y sin dirigirse a nadie en particular, Amma dijo: "También los perros sienten gratitud y amor hacia sus maestros." Él miró atentamente los ojos de Amma y los vio rebosantes de lágrimas. Totalmente desarmado, sintiéndose herido y culpable, se puso a llorar en el regazo de Amma. Ella lo besó compasivamente en la cabeza, y lo acarició. Amma le susurró: "Mi desobediente hijo, ¿ya ha desaparecido tu enfado?"

Tras crear la situación que causa nuestra reacción negativa, el Maestro señala nuestros *vasanas* negativos y defectos. Incluso ante esta evidencia, a menudo intentamos justificar nuestras reacciones por no querer admitir que hemos cometido un error.

Amma nos cuenta una historia divertida sobre esta cuestión. Un hombre resbaló y se cayó al suelo. Cuando su esposa empezó a burlarse de él, el marido le dijo: "¿No sé por qué te ríes? ¡No ves que estaba practicando mis *yogasanas* (posturas de *hatha yoga*)!"

A través del amor y la paciencia de un auténtico Maestro, llegamos finalmente a realizar nuestra verdad, nos hacemos conscientes de nuestras tendencias negativas y cambiamos nosotros mismos. Sin embargo, Amma dice que no basta con estar en presencia física del Gurú. Tenemos que estar abiertos y permitir que el Gurú nos modele, aunque este proceso pueda ser doloroso. Por muy fuerte que sean los *vasanas*, por grande que sea el dolor, si realmente amamos a nuestro Gurú, no sentiremos ese dolor mientras estamos siendo modelados.

Un hombre fue a un oculista para que le hiciera una revisión. El doctor le pidió que leyera las letras que había en un cartel, usando diferentes lentes. Pero el paciente no era capaz de leer ninguna de aquellas letras, ni siquiera con las lentes más potentes. El doctor estaba irritado y le gritó: "¿Cómo es posible que no puedas leer estas letras con ninguna de las lentes que hemos probado?"

El paciente respondió fríamente: "Porque todavía no he aprendido a leer."

Igual que tenemos que conocer primero el alfabeto para ser capaces de leer, también tenemos que abrirnos para poder apreciar la grandeza del Gurú. Sólo con un corazón abierto podremos recibir la gracia del Gurú.

El valor del prasad

Recuerdo un suceso que tuvo lugar hace muchos años, cuando Amma visitó la casa de un devoto. En aquella época yo todavía trabajaba en un banco. Cuando terminé de trabajar por la noche, fui directamente a la casa que Amma estaba visitando. Llegué alrededor de las nueve de la noche.

En aquel tiempo, Amma solía visitar las casas de los devotos, muchos de los cuales eran muy pobres. Amma aceptaba amorosamente cualquier *bhiksha* (ofrenda) que ellos le ofrecían. Como el pescado era mucho más barato que las verduras y legumbres, normalmente el arroz y el pescado eran los ingredientes básicos de la dieta de la gente pobre de aquella zona. Amma, en sí misma, era vegetariana estricta, pero movida por la compasión, aceptaba cualquier alimento que aquella gente pudiera ofrecerle, pues no quería, de ningún modo, herirlos ni crearles ningún problema.

Cuando llegué a la casa aquella noche, Amma empezaba a cenar con los devotos. Nada más verme, me dio un puñado de comida. Lo tomé respetuosamente, pero cuando miré lo que era, ¡vi un gran trozo de pescado!

Yo había nacido en una familia que seguía una dieta vegetariana muy estricta. Por tanto, cuando vi el trozo de pescado, lo tiré de inmediato. Me sentía muy disgustado. Amma me preguntó: "¿Por qué lo has tirado? Era *prasad*."

Yo dije: "¡No lo he aceptado porque es pescado!" Aunque me molestaba el olor de pescado, de alguna manera, me quedé allí sentado hasta que Amma acabó de cenar.

El olor del pescado me producía nauseas, y vomité a los pocos minutos. Cuando terminé de vomitar, alcancé un bol de agua que estaba junto a Amma. Yo no sabía que después de comerse el pescado, Amma se había lavado las manos en aquella agua. Como no vi más agua que aquella, agarré aquel bol y empecé a lavarme la cara y a enjuagarme la boca. Cuando Amma se fijó en lo que hacía, sonrió maliciosamente. Yo no sabía por qué estaba sonriendo. Las pocas personas que se sentaban junto a Amma empezaron a reír, pensando que yo iba a tener una experiencia angustiosa al probar el agua de pescado y lavarme la cara con ella. Utilicé toda aquella agua y, mientras me enjuagaba, descubrí que olía a agua pura de rosas. La fragancia era agradable, y supuso un gran alivio para mí después de oler aquel pescado.

En ese momento todos acabaron de cenar y recogieron los platos. Pero todavía percibía un olor de pescado que provenía de alguna parte. Entonces me di cuenta, sorprendido, que el olor de pescado procedía de lo que había vomitado. No podía creerlo pues no había comido nada de pescado. Por tanto, imaginé que había "gato encerrado" en todo aquello.

Uno podía esperar que el agua del bol en el que Amma se había lavado las manos oliera a pescado. En cambio, emitía el más maravilloso perfume de rosas, mientras que lo que había vomitado yo, que era un estricto vegetariano, olía a pescado, aunque no había comido nada de pescado. Entonces me di cuenta que se trataba de una lección que recibía por no haber sido respetuoso con el *prasad* del Gurú. Cuando tiré el *prasad*, me había olvidado de pensar en Amma como la Diosa. Veía a Amma como una persona corriente y no consideré el alimento que ella me ofrecía como *prasad*. Cualquier alimento que el Gurú nos da es *prasad*. Deberíamos aceptarlo de todo corazón.

En aquella época, ya había estado adorando a Amma durante algún tiempo, e incluso había tenido una visión de ella como la Diosa. Esta visión fue excelsa por un momento y reforzó mi fe en ella. No obstante, todavía no era capaz de mantener la convicción, en todos los tiempos y circunstancias, de que Amma era una con la Divina Madre. Si podemos mantener esa convicción continuamente, podemos realizar todas nuestras acciones con más amor y dedicación. Amma dice que cuando desarrollamos la actitud de dedicación, desaparecen, una tras otra, nuestras tendencias negativas.

La omnisciencia de Amma

Algunas veces, Amma me cuenta detalles de la persona que acaba de entrar en la línea de *darshan* por vez primera. Cuando esa persona recibe el *darshan*, Amma le formula preguntas sobre ella, que ya me ha contado a mí. Esto ha sucedido unas cuantas veces. Una vez, cuando acaba de ocurrir, le pregunté a Amma llenó de curiosidad: "¿Por qué le preguntas todos esos detalles que tú ya sabes?" Amma me respondió que sólo lo hacía para que le dijera unas cuantas palabras y se sintiera, de esa forma, más cerca de ella. Así, de ese modo, Amma nos hace sentirnos más cerca, añadiendo un toque mucho más personal a su *darshan*. Gracias a ese toque personal, recordamos la sonrisa de Amma, sus palabras, su contacto, etc., es una buena meditación para todos nosotros. Ella nos atrae con su divino amor. Nos anima para que desarrollemos buenas cualidades. Ciertamente, Amma nos modela para que seamos instrumentos apropiados para recibir la gracia de Dios.

En algunas ocasiones, cuando le contamos a Amma nuestras penas, ella derrama lágrimas con nosotros. Así nos muestra que Amma comparte realmente nuestros problemas, lo que significa un gran consuelo para todos nosotros. Si Amma no mostrara emoción alguna, sería como un robot, y nadie sentiría ninguna conexión o proximidad con ella. Por otra parte, cuando vemos a Amma mostrando esas emociones humanas, tendemos a olvidar su grandeza y divinidad.

En Australia, un niño de cinco años fue con su madre a ver a una persona que dirigía un programa espiritual. Esa persona le dio al niño una gran manzana. Un mes más tarde, cuando la madre del niño le contó que iban a encontrarse con una santa india llamada Amma, el niño le preguntó inmediatamente a su madre: "¿Me dará Amma una manzana como aquella otra que me dieron? ¿Qué podía decirle su madre? Ella todavía no se había encontrado con Amma y, por tanto, se limitó a decir: "No lo sé."

Fueron a ver a Amma y recibieron su *darshan*. Nada más levantarse, Amma llamó de pronto al muchacho y le entregó una manzana. Aunque ese día fueron muchos otros niños a ver a Amma, a ninguno le dio una manzana. Sólo se la dio a aquel niño. Su madre se sintió muy feliz. Mientras derramaba lágrimas de alegría, se preguntaba cómo Amma podía saber que su hijo le había preguntado sobre la manzana.

Cuando Swami Amritagitananda, uno de los discípulos que lleva mucho tiempo con Amma, se encontró con ella, le pidió ingresar en el ashram inmediatamente, pero Amma pensó que no sería muy correcto, pues ya estaba comprometido en un curso sobre Vedanta en otro ashram. Ella le pidió que completara el curso y después pidiera permiso para ir a su ashram. Aunque se sintió triste, Amma lo tranquilizó diciéndole que podía escribirle y que ella le respondería.

Cuando regresó a su ashram de Bombay, empezó a escribirle cartas a Amma. Le escribió siete cartas seguidas, pero Amma no le contestaba.

Cuando ya estaba a punto de concluir el curso, Swami Amritagitananda escribió a Amma de nuevo, contándole que sus profesores estaban de acuerdo en que ingresara en el ashram de Amma cuando completara el curso. Amma, siguió sin contestarle. Como Amma no le respondía, llegó a la convicción de que no quería que él ingresara en el ashram. Y no solo eso, también se imaginó que tendría que abandonar el camino espiritual tras el curso de Vedanta, pues ya había anunciado su intención de abandonar el ashram al que pertenecía. Decidió volver a su casa y buscar trabajo. En cuanto se puso a pensar en la vida mundana que le esperaba, dejó de hacer práctica espiritual

Al cabo de tres días, recibió una escueta carta. El pequeño trozo de papel era de Amma. En ella leyó: "Hijo, has dejado de hacer práctica espiritual. Tu mente está completamente fuera de control. Reanuda tu práctica espiritual. Amma está contigo." Sintió un sobresalto de alegría al darse cuenta que Amma estaba con él en cada paso que daba. Reanudó su práctica espiritual, completó el curso y, después, ingresó en el ashram de Amma.

Swami Pranavamritananda, otro discípulo antiguo de Amma, tuvo una vez una experiencia que demuestra cómo nuestras mentes son como un libro abierto para Amma. Había visto una película conmovedora sobre Adi Shankaracharya, uno de los más grandes conocedores de la filosofía vedántica. Esa película lo animó a interesarse profundamente por la meditación. Empezó a practicarla y hasta visitó algunos *sannyasines* a fin de buscar respuestas a muchas de sus preguntas sobre la meditación. Sin embargo, no pudieron resolverle sus dudas.

Un día, fue a visitar a su tía que vivía cerca de la facultad donde daba clases. Ella era una devota de Amma. Cuando entró en su casa, se fijó en una joven mujer vestida de blanco. Poco después, al ver a mucha gente allí, que él sabía que eran devotos de Amma, comprendió de quién se trataba. Al ver su forma juvenil, pensó: "Qué conocimientos tendrá esta muchacha?", y se fue a una habitación contigua para evitarla. Amma entró inmediatamente en aquella habitación, se sentó junto a él y acarició su brazo, diciéndole: "Hijo mío, quisiera estar contigo y oírte cantar." Llegaron los otros devotos y se congregaron en torno a Amma. Sin que nadie preguntara, Amma empezó a hablar sobre la meditación. A los pocos minutos, Amma no sólo había resuelto todas sus dudas, sino que también le había dado una perspectiva muy clarificadora sobre la meditación. Se convenció de su omnisciencia y sintió que sus palabras iban dirigidas directamente a él.

Swami Pranavamritananda cuenta otro suceso que ilustra cómo la omnisciencia de Amma capta cualquier error que cometamos. Un joven, que venía a menudo a visitar el ashram, se sentó en una ocasión detrás de Amma durante el *darshan*. Disfrutaba de estar en presencia de Amma, pero, al mismo tiempo, era consciente de lo que estaban haciendo los demás. Se preguntaba, mientras los veía sentados alrededor de Amma después de recibir el *darshan*: "¿Por qué se quedan todos ahí sentados? ¿Por qué no se levantan y se van a hacer algo que valga la pena?" Justo en ese momento, Amma se volvió hacia él y, mirándolo a los ojos, le dijo: "No seas gandul, ¡levántate y vete a hacer algo!" Asombrado por la naturaleza omnisciente de Amma, se levantó y corrió hacia la cocina, el lugar indicado a donde ir, y se puso a trabajar. Después, ¡no se olvidó de servir a su estómago!

Si somos conscientes de que Amma lo sabe todo de nosotros —nuestras pequeñas aspiraciones y secretos más íntimos— podremos recordarla constantemente y permanecer en sintonía con ella.

Capítulo 6

Despertar y desarrollar nuestro potencial espiritual

Elevarte con tu propio Ser

uddhared ātmanā'tmānaṁ nā'tmānam avasādayet
ātmai'va hy ātmano bandhurātmai'va ripur ātmanaḥ

Elévate por medio de tu propio Ser.
No pienses mal o te censures a ti mismo.
Sólo el Ser es tu benefactor,
Y solo el Ser es tu enemigo.

— *Bhagavad Gita*, capítulo VI, versículo 5

Dado que la conciencia es divina, nunca te censures a ti mismo cualquiera que sea la situación en la que te encuentres. Deja que todo el mundo se ría de ti, diciendo que eres un fracaso, pero tú no te lo creas. No te compadezcas de ti mismo. Tienes un poder infinito dentro de ti. Manteniendo ese poder de la Verdad, elévate a ti mismo.

Todo lo relacionado con la vida de Amma constituía un reto. Ella afrontaba cada experiencia con coraje y determinación. Amma nos muestra el camino para que todos realicemos nuestra propia divinidad, a pesar de todos los problemas que tengamos en nuestra vida. La divinidad es nuestro derecho de nacimiento y nuestra verdadera naturaleza. Cuando encontramos a una Maestra como Amma, nos sentimos inspirados para acometer una búsqueda espiritual. Un auténtico Maestro nos ayuda por ser una constante fuente de inspiración.

Aunque Amma era extraordinaria interiormente, creció como una muchacha normal de pueblo, sin ningún tipo de comodidades ni ventajas. No tuvo una vida lujosa, y tuvo que esforzarse continuamente. A pesar de ello, perseveró.

Cuando Amma empezó a dar *darshan* en *Krishna bhava* y *Devi bhava*, algunos la difamaron por abrazar a personas del otro sexo. Puesto que los aldeanos la veían como una persona corriente, y no como Krishna o Devi, la acusaron de descarriar a los devotos en nombre de la devoción. Pero Amma continuó amorosamente ofreciendo *darshan*, y hasta ahora ha abrazado a cientos de miles de devotos de todo el mundo.

Cuando Amma consagró el primer templo Brahmasthanam[6], en Kodungallur, Kerala, los eruditos religiosos y los sacerdotes se plantearon el hecho de que una mujer consagrara un templo, pero Amma no dejó de hacerlo. Hoy en día, hay diecisiete templos consagrados por Amma, y cada uno sirve como fuente de consuelo para miles de personas que realizan su culto en ellos.

Hubiera sido más fácil para Amma abandonar cada uno de sus esfuerzos y verse como un fracaso, pero no lo hizo. Ella afrontó la oposición y las críticas sin que le afectaran, y prefirió seguir adelante con su misión. Su vida es el mejor ejemplo práctico para que lo siga cualquiera.

---

[6] Nacidos de la divina intuición de Amma, estos templos únicos son los primeros que muestran varias deidades en un simple icono. El icono posee cuatro lados, en los que aparece Ghanesa, Shiva, Devi y Rahu, por lo que se enfatiza la inherente unidad que subyace en los aspectos múltiples de la divinidad.

La mente aislada

Durante los primeros años, había mucha gente que se oponía con fuerza a Amma, aunque ella nunca los injurió de ninguna manera. Los aldeanos ignoraban la espiritualidad y la vida del ashram. También estaban celosos porque no podían imaginar cómo una muchacha de pueblo, que parecía ser uno de ellos, podía llegar a adquirir tanta fama. Gentes de todas partes de la India y del mundo entero venían a ver a Amma. Ciertamente, a causa de esta ignorancia y celos, los aldeanos de la zona empezaron a generar problemas. De alguna manera, ellos querían deshacerse de Amma. ¡Tal era el odio y la oposición que sentían hacia ella!

En aquellos días, Amma solía ir a diferentes casas a realizar *pujas* (ceremonial de culto). Muchas familias sufrían los efectos de la magia negra. Los practicantes de estos actos diabólicos imbuían en ciertos objetos, como una concha o un talismán, espíritus malignos utilizando determinados *mantras*. Después podían enterrar el objeto en el patio trasero o delantero de la casa objeto de maleficio. Muchas de estas familias afectadas venían a ver a Amma. Ella las ayudaba dirigiendo una *puja* en sus casas o señalaba un lugar en el patio y les pedía a los miembros de la familia que cavaran allí. Cuando quedaba al descubierto el objeto maldito, podían disponer de él y, por tanto, liberarse de sus efectos maléficos.

Realmente, Amma no necesitaba hacer todo esto. De hecho, cuando alguien realizaba magia negra, el *sankalpa* de Amma era suficiente para eliminarlo. A veces, Amma llegaba incluso a asumir los efectos de la maldición sobre sí misma, evitando que recayeran en la familia. Pero dado que algunos de los devotos no tenían una gran fe en que Amma pudiera hacer tales cosas por su propia voluntad, Amma iba a sus casas y realizaba *pujas* para tranquilizar sus mentes.

A menudo, cuando Amma iba a esas casas, algunas personas se burlaban y reían de ella, e incluso le lanzaban piedras. Salvo ella, nadie podía afrontar esa clase de oposición con tal fuerza y ecuanimidad mental. Aunque fueran muchos los que estuvieran en contra, ella no se alteraba lo más mínimo. Cuando la mente está establecida en la Suprema Verdad, nada puede afectarla. Hasta sonreirás si alguien intenta matarte. Esa es la grandeza de estar establecido en el Ser. Amma es el ejemplo perfecto de esta verdad.

En aquellos días, los padres de Amma la solían regañar duramente. Sus padres eran muy estrictos porque tenían otras tres hijas que todavía no habían contraído matrimonio, y les preocupaba que la familia tuviera una mala reputación.

Por aquel entonces, en la India y, especialmente, en los pueblos, se consideraba tabú el que los chicos y las chicas hablaran a menudo entre ellos. Si una adolescente pasaba mucho tiempo con un muchacho, los padres empezaban a preocuparse seriamente. La gente empezaría a lanzar rumores sobre la adolescente y nadie se casaría con ella. Por este motivo, los padres de Amma insistían en que, tan pronto como acabara el *Devi bhava*, todos los muchachos abandonáramos el ashram inmediatamente. A nadie se le permitía permanecer allí después del *Devi bhava*. Amma se sentía triste cuando sus padres nos echaban fuera. Pero ella no podía hacer nada, ya que todavía vivía con sus padres.

Un día, tras acabar el *Devi bhava*, me quedé rezagado esperando a otro devoto. Cuando Amma me vio, se acercó y me preguntó si tenía algún problema y por qué estaba sentado allí. En cuanto nos vio la madre de Amma hablando entre nosotros, se puso a maltratar a Amma con palabras muy duras y crueles. La agarró con fuerza del brazo y la introdujo en la casa.

Me sentí muy mal al ver que Amma recibía esa severa reprimenda por mi causa. Estaba profundamente herido y afectado por las duras palabras que le dirigieron en su contra. Pasado un rato, Amma volvió al templo. Yo me oculté tras un muro, pues no quería volver a crearle un problema. Más tarde, fui al templo y encontré a Amma meditando como de costumbre, como si nada hubiera sucedido. Yo, por otra parte, no pude meditar, tras este incidente, durante bastantes días, pues estaba muy afectado por el modo en que había sido tratada. Fue muy doloroso para mí ver cómo la habían regañado. Incluso ahora, cuando recuerdo este incidente, se me llenan los ojos de lágrimas.

Sin embargo, respecto al comportamiento de los padres de Amma, no tiene sentido culparlos a ellos. Como cualesquiera otros padres, ellos deseaban que sus hijas se casaran. Si alguna de las cuatro hijas no contraía matrimonio, podía crear una mala reputación a la familia, y estaban preocupados por ese motivo. En aquel tiempo, ellos no sabían quién era Amma. No tenían un bagaje espiritual para comprenderla. Con el paso del tiempo, su actitud cambió. Después de leer algunos libros y hablar con los devotos y los residentes del ashram, empezaron poco a poco a valorar la grandeza de Amma. Si la trataron tan mal durante los primeros años de su vida, fue sólo a causa de su ignorancia.

Al recordar ese incidente después del *Devi bhava*, me doy cuenta de la importancia de permanecer ecuánime y desapegado ante cualquier clase de negatividad que se nos presente. Podemos ver una actitud ecuánime en Amma. Las alabanzas o las críticas no le afectan, pues ella ha aislado su mente. Siempre está establecida en su propio Ser.

Amma nos dice: "No te sientas satisfecho con tu estado ordinario de conciencia mundana. Hay un estado supremo de dicha, un estado todo poderoso y omnisciente que puede ser alcanzado por cada uno de nosotros. Dirige tu mente y actividad hacia ese fin y lucha por alcanzar la última meta."

Cada uno tiene una mente limitada, algunas personas tienen mucha ira en su interior, otras odio, impaciencia, avaricia o celos.

Pero todos tenemos también cualidades positivas. Deberíamos trabajar duro para eliminar los rasgos negativos y desarrollar las cualidades positivas de nuestra mente. Esto nos hará realmente felices y nuestras vidas serán una bendición para el mundo.

El que percibe, la percepción

Cuando nos veamos asaltados por una emoción negativa, intentemos reemplazarla por una positiva. Por ejemplo, cuando sintamos odio por alguien, intentemos desarrollar o alimentar el sentimiento del amor. Amma dice que deberíamos intentar recordar alguna de las buenas palabras que haya dicho esa persona, una buena obra que haya realizado, o cualquier ayuda que nos haya ofrecido. Así, podemos reducir poco a poco el odio de nuestra mente. Cuando estemos irritados con alguien, intentemos mostrarle nuestra compasión o ser amables con él. Tal vez no podamos ir y abrazar a esa persona diciéndole: "¡Te amo muchísimo!" No obstante, al menos mentalmente, podemos tratar de ser magnánimos y bondadosos con ella. Tanto si empezamos hoy como mañana, es necesario que sintamos y expresemos amor y compasión, si realmente queremos deshacernos de la carga y las inquietudes que hemos creado a través de los sentimientos negativos.

Si estamos tristes y apesadumbrados por algunos fallos que hayamos cometido, deberíamos en su lugar tratar de pensar en algunos de nuestros éxitos y dar gracias a Dios por ello. De este modo, al sustituir las emociones negativas por positivas, reducimos progresivamente la fuerza de los sentimientos negativos.

Imaginemos que estamos mirando un rosal en plena flor. Hay dos formas de verlo. Una es observando sus bellas rosas en medio de las espinas. Este es un modo positivo de mirarlo, olvidando las espinas totalmente y disfrutando de las flores, Otra forma de verlo es centrándose en el número de espinas que hay, sintiéndose molesto y enfadado por haberlas creado Dios entre esas maravillosas flores. Se trata de nuestra elección: podemos ver las flores o centrarnos en las espinas. Existen ambas posibilidades, lo que vemos depende de nuestra visión o perspectiva. Igualmente, si vemos las experiencias felices de nuestras vidas, eso nos reforzará, pero si sólo vemos las experiencias dolorosas, nos volveremos débiles y deprimidos.

La vida de cada uno es un conjunto de éxitos y fracasos. Así, cuando la fortuna nos sea favorable, podemos ser agradecidos con Dios. Cuando fracasemos, esforcémonos por triunfar. Y si a pesar de nuestros esfuerzos no conseguimos triunfar, aprendamos entonces a aceptar la situación con una actitud positiva. En medio de todas las fuerzas imparables de la naturaleza, somos capaces de sobrevivir aunque podamos ser débiles, flojos y limitados respecto a nuestro conocimiento y capacidad. Somos tan pequeños e insignificantes en esta enorme creación que un accidente o muerte puede ocurrir en cualquier momento y lugar. Por tanto, cada día, al despertar, deberíamos dar gracias a Dios. Este es un modo positivo de ver la vida. Esta vida es el resultado de lo que hemos hecho en el pasado. Ajustando y corrigiendo nuestras vidas en el presente, podemos crear un mejor futuro. Por eso Amma dice que deberíamos intentar vivir plena y positivamente en el presente. Si pensamos en nuestras flaquezas pasadas y nos preocupamos por los problemas futuros, no podremos hacer un buen uso del presente. Amma dice: "El presente es un regalo, ofrezcámoselo a Dios. Por tanto, utilízalo de modo conveniente."

En una ocasión, Swami Paramatmananda, otro de los antiguos discípulos de Amma, tuvo que someterse a una intervención de espina dorsal en los Estados Unidos. A muchos discípulos o devotos que tienen que enfrentarse a intervenciones importantes les gustaría hablar con Amma y obtener sus bendiciones. Ciertamente, unas pocas palabras de Amma en esos momentos les da una fuerza tremenda y un gran consuelo. Swami Paramatmananda intentó muchas veces hablar con Amma por teléfono pero no lo consiguió. Aquel asunto le fue transmitido a Amma, y ella intentó entonces contactar con él, pero no pudo por los problemas de conexión telefónica que existían entonces. Después, Amma tuvo que desplazarse a otra ciudad para dar un *darshan* a una gran multitud. Estaba tan ocupada que tampoco tuvo tiempo de llamarlo.

Swami Paramatmananda se sometió a la operación y salió bien. A los pocos días, Amma lo llamó y le preguntó por su salud. También le preguntó si estaba enfadado con ella por no haberlo llamado. Él respondió: "No Amma, recé a Amma interiormente y sentí mucha paz." Así, en lugar de sentirse abatido porque Amma no lo llamara, tuvo el coraje y el consuelo de su presencia interior.

En esas situaciones, sentir la presencia del Maestro dentro de nosotros nos puede ser de gran ayuda para fortalecernos y madurar. Dependiendo de la visión y la forma cómo afrontamos una situación, ésta puede ser vivida como un obstáculo o como una oportunidad de mejora.

El amor desinteresado de un Satgurú

Muchas personas desearían ser grandes Gurús Auto-Realizados. Generalmente, un Maestro verdadero no desea nada. ¿A quién vamos a aceptar como nuestro Gurú? Entregarse a un falso gurú puede causarnos caos y confusión en nuestra vida. ¿Existen directrices seguras que podamos seguir para adoptar esta importante decisión?

La marca inconfundible de un *Satgurú* es el amor incondicional y la compasión que muestra hacia todos. Un *Satgurú* nunca ambiciona dinero, poder o fama.

Muchos de nosotros nos hemos enamorado de otra persona. La diferencia respecto a ese enamoramiento es que, en presencia de un Maestro verdadero, experimentamos la belleza de lo que Amma denomina el *surgimiento* del amor. El toque mágico de este amor divino purifica y santifica cada situación, cada relación y cada acción de nuestra vida. Esta experiencia nos ofrece una nueva oportunidad para aprender a amar desinteresadamente. Es muy difícil amar de todo corazón una idea, por muy elevada o noble que ésta sea. Sin embargo, tras el encuentro con Amma, surge espontáneamente el concepto de amor desinteresado como algo a alcanzar.

La mente humana necesita un toque personal para que la semilla del amor brote. Si alguien busca amor, atención o cuidados, Amma se siente feliz de poder ayudar. El Gurú solo está interesado por nuestro bienestar y crecimiento, por nada más. Ella no desea nada a cambio.

Cuando una persona como Amma está dispuesta a ayudarnos, volvemos fácilmente nuestros corazones hacia ella. Al menos intentemos amar a Amma sin expectativa alguna. Ella se mantiene generosamente en su cuerpo para ofrecernos una forma tangible en la que podamos expresar nuestro amor desinteresado.

Aunque el Maestro está en el cuerpo, representa la Verdad más allá del cuerpo. Por medio del Maestro podemos llegar a la Verdad, pues el Maestro es la representación perfecta de la Verdad, del amor desinteresado y de la compasión.

Las experiencias dolorosas que tengamos tras el encuentro con un Gurú, las podemos ver como un modo de eliminar o extinguir nuestro *karma* pasado. Aunque Amma puede asumir o mitigar nuestro *karma*, ella dice: "Un cierto porcentaje de nuestro *karma* negativo tiene que ser experimentado por nosotros mismos."

El *karma* es el resultado de lo que hemos hecho en el pasado. Cada uno tiene que vivir las experiencias que surgen por su propio *karma*. Pero por la gracia del *Satgurú*, nuestro sufrimiento puede verse reducido. Si el mal *karma* no puede ser mitigado, el

Satgurú puede ayudarnos dándonos la fuerza mental necesaria para cooperar positivamente con la situación.

Cuando experimentamos algo doloroso, no es que el Satgurú deje de ayudarnos, se debe más bien a la naturaleza de nuestro *karma* negativo. No deberíamos culpar al Gurú. A veces se oye decir: "¡Con la de años que he pasado rezándole al Gurú! ¿Cómo puede pasarme esto a mí?" Más bien, deberíamos ver todos los beneficios que hemos obtenido gracias al Gurú. De ese modo, nuestra fe puede verse reforzada.

Culpar al Gurú o alejarse de él, puede causar mucho más dolor y sufrimiento. Es como salir corriendo de la consulta de un médico para evitar el dolor de una inyección. Puedes pensar que has escapado del dolor, cuando lo que has hecho ha sido impedir que el médico te pueda salvar de un sufrimiento mucho mayor.

Me gustaría contar una experiencia del Swami Purnamritananda, otro discípulo antiguo de Amma. Este incidente tuvo lugar hace muchos años, al poco de encontrarse con Amma. En aquel tiempo, Swami Purnamritananda (entonces Srikumar) todavía vivía con sus padres, pero él deseaba estar en el ashram día y noche sin volver a casa. Era hijo único y a sus padres no les gustaba la idea. Por tanto, intentaban a menudo desanimarlo y evitar que volviera al ashram. Como se mostraba firme en su deseo de pasar el mayor tiempo posible allí, al final aceptaron que pasara el día junto a Amma, pero con la condición de que volviera cada noche a su casa. A partir de entonces, visitaba el ashram cada día, y solía irse tras los *bhajans* de la noche a fin de tranquilizar a sus padres.

Una noche, mientras se preparaba para irse, Amma le dijo que aquella noche debería quedarse en el ashram. Swami Purnamritananda le contó a Amma que si pasaba la noche allí, sus padres no le dejarían volver al ashram al día siguiente. Pero Amma insistió, y como no quería desobedecerla, aceptó quedarse.

Aquella noche, después de cenar, Swami Purnamritananda se puso a pasear junto al pequeño templo, recitando su *mantra*. Mientras caminaba, oyó un susurro en la hierba junto a sus pies y se paró para saber de qué se trataba. De pronto sintió un dolor punzante en su pie. Miró al suelo y vio el contorno de una serpiente que se deslizaba en la oscuridad.

Conmocionado, gritó lleno de dolor. Amma se levantó inmediatamente, abandonando el templo donde se encontraba con algunos *brahmacharis*, y corrió a su lado. El *swami* no podía hablar y sólo podía mostrarle a Amma la herida que tenía en el pie. Sin dudarlo un segundo, Amma se inclinó y puso su boca en la herida, succionando el veneno y escupiéndolo en el suelo. Tras repetir este proceso varias veces, Amma le puso un vendaje en la herida. Como Swami Purnamritananda estaba todavía un poco asustado, ella le pidió que fuera a ver a un curandero de la aldea, famoso por su habilidad en tratar mordeduras de serpiente.

El curandero examinó a Swami Purnamritananda y le dijo que había sido atacado por una serpiente muy venenosa, pero que parecía que no tenía veneno y que se encontraba bien. El curandero le dio algunas hierbas medicinales y le dijo que se fuera tranquilo.

Más tarde, Amma le dijo a Swami Purnamritananda que estaba pasando por un mal momento astrológico. Como sabía que sus padres no se lo creerían simplemente por haberlo dicho ella, le sugirió que consultara con un astrólogo.

Al día siguiente, volvió con su familia. Sus padres estaban muy enfadados por no haber vuelto la noche anterior. Él les pidió que lo escucharan y les mostró la herida que tenía en el pie. Sin embargo, ellos se limitaron a decir que si no hubiera roto su promesa y hubiera vuelto a casa aquella noche, no habría sido mordido por una serpiente.

Swami Purnamritananda también les comunicó lo que Amma había dicho sobre su carta astral. Ellos consideraron que la mordedura de serpiente era un mal agüero y, unos días más tarde, fueron con él a ver un astrólogo. Tras consultar la carta astral de Swami Purnamritananda, el astrólogo se sorprendió al ver que todavía seguía vivo. De acuerdo con la previsión de su carta de nacimiento, el astrólogo dijo que dondequiera que estuviera aquella noche, iba a recibir un mordedura mortal de serpiente. "Tú estás claramente bajo la protección divina", añadió el astrólogo.

"Veis", dijo Swami Purnamritananda a sus padres, "ya os dije que si me quedé con Amma aquella noche fue porque iba a ser mordido por una serpiente. Pero, de hecho, la hubiera recibido esa noche en cualquier parte donde estuviera. Si hubiera estado en casa, ¿me hubierais succionado el veneno como lo hizo Amma? Nuestra casa está muy retirada, y no habría llegado a tiempo al hospital. Si hubiera desobedecido a Amma y vuelto a casa aquella noche, habría muerto."

La naturaleza de algunos *karmas* es tal que tienen que ser experimentados en un cuerpo humano. Si Amma elimina uno de esos *karmas*, tendrá que padecerlo en sí misma. Amma nos dice que si asume una enfermedad grave de alguien, puede extinguir ese *karma* en pocos minutos, mientras que la otra persona tendría que sufrirlo durante muchos años.

Uno de los *brahmacharis*, que tenía una buena formación y buen trabajo, se transformó totalmente tras encontrarse con Amma. A los pocos días dejó su trabajo e ingresó en el ashram. Amma le advirtió que podría tener muchos problemas por parte de su familia.

Sus padres y parientes procuraron de todas las maneras conseguir que abandonara el ashram. Hasta intentaron secuestrarlo, pero fallaron en su pretensión. Finalmente, recurrieron a la magia negra. Era tan poderosa que podía causar una enfermedad muy grave o llegar a matarlo. Nadie lo sabía hasta que Amma nos lo contó unos meses más tarde.

De pronto, Amma cogió un catarro. Su resfriado fue en aumento y, al cabo de unos días, no dejaba de toser. Sin embargo, durante un *Devi bhava* dejó de toser de forma inesperada. Pero, tan pronto acabó el *Devi bhava*, volvió a toser intensamente. Intentamos persuadirla para que visitara a un médico, pero no aceptó. Todos los *brahmacharis* estaban preocupadísimos. Muchos de ellos empezaron a ayunar como penitencia por la salud de Amma. Cuando ella se enteró, pidió que dejáramos de ayunar, pero seguimos con el ayuno. Le dijimos que queríamos ayunar hasta que estuviera curada. Amma nos dijo entonces que su salud se recuperaría al cabo de una semana, tanto si ayunábamos como si no, o, incluso, si iba a la consulta de un médico, pues su resfriado no procedía de una infección o alguna enfermedad, sino que se debía a los efectos de la magia negra.

Una semana más tarde, tal como Amma había anticipado exactamente, desapareció de golpe su resfriado y recuperó la salud. Nos dijo entonces que si ella no hubiera asumido los efectos de esa magia negra, podría haber matado a la persona a quien iba dirigida. Así, por su compasión, ella aceptó padecer los efectos de aquel terrible acto.

La importancia de la práctica espiritual

Si nos comprometemos a alcanzar la meta de la espiritualidad, tenemos que darnos cuenta de que la senda espiritual no es un camino de rosas. Ciertamente, el sendero es difícil, pero los obstáculos no tendrían que ser una excusa para abandonar la práctica espiritual. Pensemos en la plenitud y perfección que se puede conseguir al llegar a la meta final de unión con el Supremo, el estado de Yoga.

Es posible que, a veces, dejemos de lado nuestra meditación u otras prácticas espirituales. A menudo consideramos que hay algo "más importante" que debemos hacer. Aunque la meditación y otras prácticas espirituales están incluidas en nuestra lista de actividades diarias, las colocamos en último lugar en la lista de prioridades. Llegamos a justificar nuestra decisión diciéndonos que la práctica espiritual siempre puede ser hecha al día siguiente. La falta de constancia en nuestra práctica es una de las razones por las que no somos capaces de progresar firmemente por la senda espiritual.

Nuestra búsqueda espiritual tiene que ser sincera, no sólo cuando obtenemos algún resultado tangible. Tendríamos que ser conscientes de la necesidad y urgencia de nuestra práctica espiritual.

Muchas personas están muy ocupadas, pero de algún modo encuentran una o dos horas para caminar o hacer algún ejercicio cada día, aconsejados por su médico. Saben que si no lo hacen, tendrán serios problemas de salud. A pesar de lo ocupadas que están estas personas, no dejan de hacer sus ejercicios.

De igual modo, la meditación debería valorarse como una parte importante de nuestra vida. Amma siempre nos dice que la meditación, *japa* (repetición de un *mantra*) y otras prácticas espirituales son tan valiosas como el oro. Estas prácticas nos proporcionan riqueza espiritual y, también, prosperidad material. Nos ayudan a mantener nuestra salud mental y emocional. Por tanto, el tiempo que empleamos meditando y haciendo otras prácticas espirituales nunca será un tiempo perdido.

La aproximación equilibrada

Puede que dediquemos todo un día a escuchar discursos sobre Dios y a pensar solo en Él. Al día siguiente, podemos creer que todo está bien y que no hace falta meditar. En su lugar, nos ponemos a ver la televisión todo el día, pues ya estuvimos el día anterior pensando en Dios. Si gastamos un día así y al siguiente hacemos lo mismo, no conseguiremos avanzar nada. Si queremos tener un beneficio completo, Amma dice: "Cualquier cosa que hagas, digas o pienses, que te prepare para la meditación." De otro modo, es como dar diez pasos hacia delante y, a continuación, retroceder otros diez.

Hay una expresión popular en la que se dice que la mitad de lo que conseguimos se debe a nuestros esfuerzos y el resto a la gracia de Dios. Algunas personas dicen: "Estoy contento con la mitad del éxito. Por tanto, dejemos que Dios me conceda primero su parte. Yo sólo tengo que sentarme y esperar." Amma dice que una aproximación al 50% como esa, no nos procurará todo el beneficio. El agua hierve a 100 grados centígrados, pero eso no significa que a 50 grados, vaya a hervir la mitad del agua.

Una vez, un hombre en viaje de negocios tuvo que quedarse en un pequeño pueblo a mitad de camino, pues se quedó su coche averiado. Aquella noche la pasó en un motel. Como había estado viajando durante dos o tres semanas, echaba de menos a su esposa, a sus hijos y, muy especialmente, el delicioso pollo al curry que solía prepararle su mujer. Entonces se puso a pensar: "¡Sería estupendo si pudiera conseguir el pollo al curry tal como lo suele preparar mi mujer!" Cuanto más lo pensaba, más deseos le entraban de comer aquel plato. Miró en la guía publicitaria de teléfonos y se llevó la grata sorpresa de encontrar un restaurante, a pocas manzanas de allí, que servían pollo al curry. Como era muy tarde y no quería perderse aquella oportunidad, tomó un taxi para ir al restaurante. Una vez allí, comprobó que en el menú tenían el plato en el que había estado pensando. Enseguida le tomaron nota y le sirvieron el plato. Se sorprendió por la gran cantidad que le ofrecían. Le extrañaba que por aquel precio le pusieran un plato tan lleno de pechugas de pollo. Pensó: "Tendré que contárselo a mis amigos para que vengan a comer aquí." Pero nada más empezar a comer se dijo: "Me han dado mucho pollo, pero no sabe a pollo, parece ternera." Llamó al camarero y le preguntó: "¿Qué hay en este plato?"

"No hay nada más que pechugas de pollo", le respondió el camarero.

El hombre no se quedó satisfecho con la respuesta. Se fue directamente al encargado y le dijo en voz alta: "He pedido pollo al curry, y me han dado otra cosa. ¡Esta carne no sabe a pollo!"

"No, señor. Eso es pollo. No hay nada más en ese plato," le dijo el encargado.

"No lo creo," exclamó el hombre de negocios. "¡Voy a presentar una denuncia!"

Entonces el encargado dijo en voz baja: "Señor, si tiene alguna queja, le devolveremos su dinero. La verdad es que hoy no teníamos pollo y le añadimos un poco de ternera al pollo."

"¿Sólo un poco? Todos los trozos sabían a ternera. ¿Cuánta ternera le habéis añadido al pollo?"

"Sólo un 50%, señor."

"¿La mitad, nada más? ¡No me lo creo! ¿Queréis decir que le pusisteis el mismo peso de ternera que de pollo?"

"No exactamente, señor. Solo el 50%, es decir ¡un pollo y una ternera!"

No se sorprendió el hombre de negocios de no poder encontrar ningún trozo de pollo en su plato.

Podemos pasar un día en un ashram y el siguiente en un casino. A causa de nuestra falta de receptividad, aunque pasemos un día completo en el ashram, el efecto puede ser mínimo. En contraste, debido a nuestros fuertes *vasanas*, si pasamos un día en un casino, el efecto puede ser muy fuerte. En esa situación, cualquier beneficio que obtengamos de la práctica espiritual no será del todo completo, como el gusto de un pollo se ve superado totalmente por el gusto de una ternera.

Para obtener el máximo beneficio de nuestra práctica espiritual, Amma dice que es importante que desarrollemos algún tipo de disciplina: ayuno, observar un voto de silencio durante unas horas al día, hacer más meditación, emplear más tiempo recitando un *mantra*, leer libros espirituales, etc. La disciplina espiritual puede adoptar cualquier forma, en función de lo que nos resulte más conveniente.

Capítulo 7

Preparación para la meditación

Om Shanti, Shanti, Shanti

Shanti significa paz. Muy a menudo, los actos auspiciosos concluyen con el *mantra*: "Om shanti, shanti, shanti." Las alteraciones a nuestra paz proceden de tres fuentes distintas, por eso recitamos "paz" tres veces.

1) Alteraciones que proceden de fuerzas naturales (*adhi daivikam*). Terremotos, ciclones, inundaciones, sequías, olas de calor o frío, pertenecen a este grupo. ¿Podemos meditar pacíficamente en medio de un terremoto o cuando se desborda un río y se inunda nuestra casa? No tenemos el control sobre estos acontecimientos. Sólo podemos salir corriendo, ponernos a salvo y rezar para pacificar estas fuerzas naturales. Por este motivo recitamos el primer "shanti."

2) Alteraciones que proceden del mundo que nos rodea (*adhi bhautikam*). Si el hijo de nuestro vecino está tocando algún instrumento musical o pone la música muy alta, o si su perro ladra cuando intentamos meditar, será un impedimento a nuestra meditación. Mosquitos, moscas, los vehículos que pasan por la carretera... son ejemplos de esas alteraciones. Algunas de ellas pueden ser controladas, mientras que otras sólo parcialmente. Por ejemplo, si el hijo de nuestro vecino es muy problemático, podemos hablar con sus padres. Si no sirve de nada, podemos llamar a la policía. Si los mosquitos nos molestan cuando tratamos de

meditar, podemos sentarnos dentro de una mosquitera o quemar un carrete antimosquitos para deshacernos de ellos.

3) Alteraciones que proceden de nuestro interior (*adhyatmikam*). Tenemos nuestros gustos y aversiones, nuestra ira, celos, desasosiegos, preocupaciones, etc. Todos sufrimos por estas perturbaciones internas. Aunque en este momento padecemos todas estas miserias, con una adecuada práctica espiritual las podemos controlar totalmente. Si nos mantenemos en alerta y somos capaces de utilizar nuestro discernimiento, podemos controlar todas las tendencias negativas de la mente. Las alteraciones que proceden del interior, son las más poderosas de todas, mucho más que un terremoto o ciclón, porque pueden destruir totalmente nuestra paz y felicidad. Afortunadamente, este tercer tipo de alteraciones puede ser completamente eliminado, a diferencia de los dos primeros.

Amma nos contó una vez la siguiente historia. Había un hombre que quería estar en un ambiente que fuera perfecto para su meditación. Probó en muchos sitios diferentes. Allí donde iba, había algún tipo de alteración: los pájaros piaban, los perros ladraban o la gente discutía acaloradamente. Por tanto, pensó: "Voy a buscar una habitación a prueba de ruidos." La encontró y se puso a meditar en ella. Como todos sabemos, cuando hay el más absoluto silencio, hasta el más pequeño sonido se percibe como un gran ruido. Cuando meditaba en su habitación a prueba de sonidos, hasta el minutero de su reloj le molestaba. El sonido le parecía tan alto que, al final, se desprendió del reloj. Entonces retomó su meditación. Después de algún tiempo, empezó a oír el latido de su corazón. Cuando el ruido de su reloj le molestaba, pudo quitárselo; pero, ahora, ¿cómo iba a desprenderse de su propio corazón?

Amma dice que no es posible liberarse totalmente de las perturbaciones externas pues el mundo no está muerto, sino vivo.

Hay tanta actividad en el mundo que siempre habrá algo de ruido y alteración. Si no hubiera ninguna perturbación, seguramente caeríamos dormidos cuando intentáramos meditar. Para muchos de nosotros, es fácil quedarse dormidos cuando no hay ninguna perturbación. Muchos no tenemos problemas para dormir en medio de grandes ruidos. ¡Hasta he visto gente durmiendo en la misma habitación en la que se estaban cantando *bhajans*!

En los primeros años, cuando el ashram era muy pequeño, sólo había un pequeño templo y dos o tres chozas en donde vivíamos. La laguna marina rodeaba al ashram. Junto a él había unos pocos espacios donde la gente de la zona hacía fibra y cuerda de coco.

La fibra de coco (la fibra verde exterior) se humedecía en la laguna marina durante bastantes días. Después se sacaba del agua y se golpeaba con un palo hasta que cada fibra quedaba separada. La cuerda se formaba al trenzar estas fibras.

Desde las siete de la mañana en adelante podíamos oír el sonido de 300 mujeres golpeando la fibra de coco con sus palos, mientras hablaban en voz alta. Era una gran perturbación. Y aquella era la hora en la que empezaba nuestra sesión de meditación cada mañana con Amma, sentados a su alrededor. Era un buen entrenamiento para todos nosotros esforzarnos en superar las perturbaciones externas.

Amma solía decir: "Es fácil meditar en una cueva del Himalaya. Allí nadie nos molesta. Cuando conseguimos la misma profunda meditación en medio de un mercado, entonces se puede decir que hemos dominado el arte de la meditación."

Una mente pura es el factor más importante en la meditación. Una vez que la mente se vuelve pura y madura, deja de existir cualquier tipo de alteración. Entonces, la meditación surge espontáneamente.

Aquietar las perturbaciones internas

Antes de adentrarse en profunda meditación, es necesario hacer algunos ajustes mentales. Existe un lazo de unión entre las perturbaciones internas y externas. Cualesquiera que sean estas perturbaciones, no seremos capaces de meditar o hacer alguna otra práctica espiritual sin algunos ajustes. Una vez dominadas las perturbaciones externas hasta cierto punto, podemos centrarnos en nuestras alteraciones internas, que, como hemos mencionado antes, incluyen nuestros gustos y aversiones, ira, impaciencia, etc. Aunque el ambiente externo esté muy calmado y tranquilo, las perturbaciones de nuestra mente pueden dificultar nuestra meditación.

Un día estaba sentado en frente de un pequeño templo en el ashram. Ardían algunas barritas de incienso, y el aire estaba impregnado de una placentera fragancia. Un devoto se me acercó y me preguntó dónde habíamos comprado aquel maravilloso incienso. Le contesté que lo hacíamos nosotros mismos en el ashram. El devoto siguió hablando conmigo un rato y después entró en el templo a meditar. A la gente le gusta meditar en el interior de aquel templo porque Amma solía dar allí el *darshan* de *Devi bhava* en los primeros tiempos. Por este motivo, las vibraciones espirituales en su interior son muy poderosas. Los que son capaces de sintonizar con aquellas vibraciones, logran concentrarse más fácilmente.

Cuando entré en el templo un poco más tarde, vi a esa misma persona meditando, sentado con la espina dorsal recta, los ojos cerrados... Estaba en una postura perfecta. Al cabo de un rato, salió del templo. Le pregunté si había tenido una buena meditación. "¡No, Swami!", dijo. "Nada más sentarme y cerrar los ojos, empecé a pensar en el incienso. La semana pasada fui a una tienda y compré algunos inciensos, no eran tan buenos como estos, y el tendero me los cobró muy caros. Cuando estaba intentando meditar, no hacía más que pensar en esto, y me sentí muy irritado con el tendero. Me he pasado todo el tiempo peleándome con él mentalmente."

Así, aunque este hombre estaba sentado en el templo, un lugar lleno de las divinas vibraciones de Amma, él no podía meditar ni siquiera un momento. ¡Todo lo que podía hacer era luchar, en su mente, con el tendero!

Aunque nos encontremos nosotros mismos en el ambiente más adecuado, si nuestra mente se distrae, no podremos meditar pacíficamente. Por eso es más importante trabajar en las perturbaciones internas que en las externas. Amma dice que podemos estar sentados en una postura excelente, mientras por dentro estamos librando una gran batalla, ardiendo de ira, cargados de frustración y odio.

Integración del mundo interior y exterior

Dado que eliminar nuestras tendencias negativas es un proceso molesto, preferimos vivir con ellas. A veces, disimulamos nuestros sentimientos y actuamos externamente como si no los tuviéramos. Supongamos que tenemos que encontrarnos con alguien al que no le caemos bien. Aun así, le diremos: "¡Me alegra mucho verte!" Puede que no nos guste esa persona, pero no se lo decimos directamente. Lo ocultamos porque se considera de buena educación no manifestarlo. A veces, tenemos que aguardar una larga cola en el supermercado, y tenemos que esperar diez o quince minutos. Cuando empezamos a perder la paciencia, la cajera responde al teléfono y nos dice que tiene que abandonar la caja unos cuantos minutos y que volverá enseguida. Nos vamos impacientando cada vez más. Al final, vuelve diciendo: "¡Cuánto lo siento! He tenido que atender una llamada urgente."

Aunque hemos perdido casi toda nuestra paciencia, le diremos: "Está bien. No se preocupe." Esto es normal, de acuerdo con nuestras buenas maneras. En un sentido, es bueno que seamos capaces de ocultar o controlar nuestros sentimientos negativos y presentar una imagen positiva hacia el exterior. Tal vez tengamos un amigo que sea feo, pero aún así, nunca le diremos: "¡Eres más feo que un pato!" Si ese amigo nos preguntara: "¿Qué tal estoy?" le diríamos: "Tienes buen aspecto," y hasta puede que le dijéramos: "Estás muy atractivo."

Es conveniente ser educado con los demás externamente aunque por fuera sintamos de forma distinta. Sin embargo, cuando meditamos debemos estar totalmente integrados. Cuando meditamos, cara a cara con nuestra mente, no podemos ocultarnos ni mentirnos a nosotros mismos. Por este motivo, cuanta más atención pongamos en corregir la negatividad de la mente, más mejoraremos nuestra técnica de meditación. Es imposible meditar, a menos que la mente esté relativamente en calma y tranquila. Esto no significa que tengamos que esperar a meditar hasta que esté relativamente en calma, pues tenderíamos a posponer nuestra práctica meditativa. Si pensamos: "Como ahora estoy agitado e intranquilo, esperaré hasta que esté en calma para empezar a meditar;" esto no va a suceder nunca. Necesitamos meditar y trabajar sobre nuestra negatividad simultáneamente. Amma nos lo explica con una metáfora: "Pensar que empezarás a meditar sólo cuando estés totalmente tranquilo y en paz, es como esperar en la orilla del mar a que se calmen las olas para ponerse a nadar. Esto es imposible."

Una vez cuando Amma realizaba su gira anual por el norte de la India, visitó la ciudad sagrada de Haridwar, por donde fluye el sagrado río Ganges. Mientras estaba en Haridwar, Amma fue al Ganges a bañarse. El agua estaba muy fría y no se podía poner ni un pie en el agua. Junto a nosotros había gente haciendo mucho ruido: golpeaban conchas, recitaban *mantras*, había niños peleándose y gritando, vendedores voceando sus productos, etc. Amma sólo se fijaba en cómo fluía el río. De golpe se adentró en sus aguas frías. En unos pocos minutos, Amma entró en *samadhi*. El ruido, el agua helada y otras distracciones externas no le afectaban nada. Sosteniéndose en un palo para evitar ser arrastrada por la fuerza de la corriente, permaneció sumergida hasta la cintura durante un par de horas. Al final, tuvimos que sacarla, pues de otro modo hubiera seguido sumergida en aquellas aguas heladas unas cuantas horas más. Mientras la sacaban del agua, su cuerpo estaba tan rígido como una tabla. Los *brahmacharis* frotaron sus manos y las plantas de sus pies. Después de media hora, su cuerpo recuperó algo de calor y ella volvió a la conciencia normal.

Cuando la mente alcanza un estado sublime, las perturbaciones externas no constituyen ningún problema. Vemos este estado reflejado en Amma. A ella nada le afecta, tendría que permitir ella misma que algo le afectara.

Entrenar la mente para permanecer en el presente

Recuerdo un suceso que tuvo lugar en Suecia hace pocos años. La última noche de la gira europea, no había programa y el grupo que viajaba con Amma tenía la oportunidad de estar a solas con ella. Amma sirvió la cena a todos, se divirtió con nosotros y nos contó algunas historias. Fue la ocasión más memorable de los tres meses de gira. Había una devota muy trabajadora que estaba sentada a la derecha de Amma. Mostrándole su afecto, Amma le iba acariciando su cabello. Debió de ser una maravillosa experiencia para aquella mujer. Las otras personas sentían cierta envidia. A los pocos minutos la mujer empezó a sollozar. Todos pensamos que se sentía inundada por el amor y el afecto de Amma, pero no parece que fuera así. Amma le preguntó: "Hija mía, ¿por qué estás llorando?" Ella contestó que lloraba porque aquella mañana Amma había llamado a todos para meditar juntos y a ella no le habían comunicado nada. Amma le dijo: "¿Por qué estás pensando en lo que sucedió esta mañana? Eso ya está pasado. Ahora estás sentada junto a Amma. Nadie más tiene esta oportunidad. Por tanto, intenta hacer el mejor uso de esta oportunidad. En lugar de refugiarte en el pasado y amargarte tú misma, disfruta del momento presente."

Así es como perdemos muchas oportunidades. Amma siempre dice que deberíamos intentar vivir en el momento presente. Si vivimos en el pasado, no tenemos la posibilidad de disfrutar de lo que está sucediendo ahora. La vida está siempre en el presente. Entrenar la mente para permanecer en el momento actual es auténtica meditación.

Actitud y acción

Tener una actitud correcta también nos ayuda en la meditación. El impacto de todas nuestras acciones y pensamientos puede acudir a nuestra mente cuando nos sentamos a meditar. Cada pensamiento, cada acción, cada emoción determinan la calidad de nuestra meditación. Por tanto, debemos ser muy cuidadosos para no involucrarnos en acciones que se convertirán en un estorbo para nuestra meditación. Realizamos muchas acciones en nuestra vida diaria que no son realmente necesarias. Tales acciones pueden ser evitadas gradualmente, pues no siempre es posible detenerlas al momento.

Supongamos que tenemos la costumbre de ver películas de terror o de leer relatos de asesinatos misteriosos. Será bueno evitar esas actividades que nos producen ansiedad, ya que esos pensamientos seguirán en nuestra mente subconsciente. Durante nuestra meditación todos esos recuerdos aflorarán. A través de una adecuada comprensión, poco a poco podemos evitar tales acciones y reemplazarlas con buenas acciones que nos serán de gran ayuda en nuestro crecimiento espiritual.

En la primera época del ashram, había muy pocos devotos, y Amma no había creado ninguna institución ni organizado programas caritativos. Amma dedicaba una gran parte de su tiempo a permanecer junto a los devotos que visitaban el ashram. Les hablaba, les preguntaba, aclaraba sus dudas y les prestaba mucha atención y cariño. Esto les suponía una preciosa oportunidad de sentirse cerca de ella. Un día, un nuevo devoto vino a ver a Amma. Él no sabía mucho sobre ella, pero se quedó en el ashram toda una semana.

Durante aquella semana vio cómo Amma dedicaba casi todo su tiempo a los devotos, sin apenas dormir o comer. Finalmente, le preguntó: "Amma, les pides a los *brahmacharis* que mediten, pero yo nunca te he visto meditar. ¿Por qué?"

Amma respondió: "Todo lo que hago es meditación. Cuando estoy dando *darshan* o dedicando tiempo a los devotos, siempre los veo como Dios."

Algunos de vosotros es posible que hayáis oído a Amma recitar: "Amma, Amma," mientras recibe a los devotos. Así, si hay 1.000 personas para el *darshan*, ella recitará el *mantra* al menos 1.000 veces. En India miles de personas vienen a recibir su *darshan* cada día. De hecho, Amma transforma incluso su *darshan* en un acto de adoración. Desde luego, no hay necesidad de que Amma recite *mantras* o medite, porque ya está establecida en la Conciencia de Dios. Amma lo hace para enseñarnos y mostrarnos un ejemplo de vida a seguir.

Amma ve hasta un ser humano corriente como Dios, mientras que nosotros no somos capaces de ver la Diosa (Amma) como Diosa, aunque hayamos tenido muchas experiencias inolvidables con ella. Olvidamos la verdad de que Amma es la Diosa. Aunque muchos sepamos de corazón que Amma es la Madre Divina, ¿cuántas veces lo recordamos? Muy a menudo la consideramos como si fuera nada más que una amiga. He visto cómo algunos se dirigen a ella de este modo: "¡Eh!, ¿cómo estás?" En una ocasión, oí a alguien preguntarle: ¿Cuándo duermen 'tus muchachos'?" A pesar de que Amma manifiesta todas las cualidades divinas, tendemos a ser informales en lo que le decimos o cómo lo decimos.

Podemos adorar a Amma, postrarnos ante Amma o hacer *pujas* a Amma. Desgraciadamente, incluso cuando estamos haciendo todas estas cosas, nuestra mente va errática por ahí. En cambio, Amma, a pesar de todos nuestros defectos y vicios, nos ve constantemente como Dios. Para un ser así, no es necesario otro tipo de meditación.

Capítulo 8

El camino de la devoción

Cuatro clases de devotos

El hinduismo, denominado también *Sanatana Dharma* (El Camino Eterno de la Vida), está formado por un conjunto de caminos que llevan a la Auto-realización. Los buscadores espirituales se encaminan por estos diversos caminos en función de su propia disposición mental e intelectual. Ninguno de estos caminos puede ser considerado más alto o bajo que el resto. El Señor Krishna corrobora este hecho en el capítulo doce de la *Bhagavad Gita*, titulado *Bhakti Yoga* (Yoga de la Devoción). En este capítulo, Arjuna le pregunta a Krishna: "Oh, Señor, algunos devotos te aman y adoran como una Persona Divina y, en cambio, otros te contemplan como un poder sin forma. ¿Cuál de estos caminos es superior?" En su respuesta, Krishna considera que ambos caminos son igual de meritorios y que la adecuación de cada uno depende de las cualidades del buscador. Un bebé precisa comida suave y fácilmente digerible, mientras que un adolescente puede necesitar comida con un alto valor energético. De igual forma, los diferentes caminos se adecuan a los diversos tipos de buscadores. Hay muy poca gente que sienta puro amor por Dios. La mayoría reza a Dios para que los libere del sufrimiento o para que se cumplan sus deseos o se cubran sus necesidades. De acuerdo con esto, los devotos aparecen clasificados en la *Bhagavad Gita* en cuatro grupos.

1) Personas que sufren (*artta*)

2) Personas que buscan riquezas o que se cumplan sus deseos (*artharthi*)

3) Personas que buscan a Dios (*jijnasu*)

4) Personas que han encontrado y se han establecido en Dios (*jnani*)

Los que viven afligidos se vuelven devotos para encontrar alivio a su dolor y dejar de padecer. Cuando se desvanecen sus penas, dejan de rezar o de rendir culto a Dios hasta la siguiente ocasión, en que vuelvan a sentirse acongojados. Para ellos, Dios es como un agente que les hace el trabajo y cumple con sus deseos. Normalmente, no saben que la causa de su dolor procede de su apego a los objetos no permanentes de este mundo. Dios, para ellos, es como un analgésico. Esa clase de devoción trata solo los síntomas cuando aparecen, pero no elimina la causa de la enfermedad.

Las personas de la segunda categoría son aquellas que tienen muchos deseos mundanos, que suelen ser avariciosas y ambiciosas y que buscan a Dios para que les ayude a cumplir con sus deseos. Esas personas pueden tener una vida muy confortable, pero no están contentas. Aman a Dios, principalmente, porque Dios puede hacer que se cumpla aquello que más desean. Dan donativos para obras caritativas al templo con la actitud de alguien que está pagando un seguro o está haciendo una inversión, esperando una buena recompensa.

Un *jijnasu* es una persona que ha llegado a ver lo ilusorio de este mundo y de todos sus placeres. Comprende la futilidad de todos los objetivos mundanos y busca conocer las verdades más altas de la vida. Esa persona reza a Dios por devoción, para alcanzar auténtico conocimiento, sabiduría y equilibrio, los cuales pueden otorgarle verdadera felicidad.

Un *jnani* es aquel que está totalmente identificado con Dios. Tal persona ve a Dios en todo y nunca se descuida su inquebrantable meditación sobre la Última Verdad. Aunque completo y perfecto en todos los aspectos, un *jnani* mantiene su naturaleza de devoto para disfrutar de la *lila* de Dios (juego divino). Para un *jnani*, amar a Dios es el estado natural. De todos los devotos, el *jnani* es el más querido del Señor. Krishna dice: "El *jnani* es mi propio Ser." En el Srimad Bhagavatam, el Señor admite: "Soy un esclavo de mis devotos. Mi corazón pertenece a mi devoto, pues así es mi amor por él." Dios irá a cualquier parte para proteger a aquellos que se consagren a Él.

Hay diferencias significativas entre estos cuatro tipos de devotos. En la *Bhagavad Gita*, Krishna declara que todos los devotos son nobles (*udarah*). Hasta el *artta* y el *artharthi* tratan de buscar la felicidad real y perdurable, aunque a través de los logros mundanos. En el transcurso de su búsqueda, estas personas van superando lentamente todos los apegos mundanos y se van dando cuenta de que, para alcanzar la felicidad real y duradera, tienen que llegar a la realización de la Realidad Eterna, es decir Dios o el *Atman*. Su devoción se vuelve cada vez más pura, y lentamente evolucionan hasta convertirse en *jijnasus* (buscadores de la Verdad o Dios) y, más tarde, en *jnanis*. Krishna declaró que el devoto que se consagre a Él debería considerarse recto, pues esa persona ha adoptado la correcta decisión y pronto alcanzará la paz perdurable. Para algunos, esta transformación puede darse interiormente en el transcurso de una vida; mientras que para otros puede suponer muchos nacimientos. Más pronto o más tarde, todos alcanzarán el Estado Supremo.

Cualidades de un auténtico devoto

En la epopeya *Srimad Bhagavatam*, el Señor dice que Él sigue las huellas de sus devotos a fin de llevar en su frente el polvo de sus pies. Cuando el Señor llega a convertirse en ese amoroso sirviente de alguien, a esa persona la podemos considerar, realmente, como un auténtico devoto. Entonces, ¿quién es un verdadero devoto?

Krishna explica las cualidades de un auténtico devoto en la *Bhagavad Gita* (capítulo XII, versículos 13-16).

El Señor dice que la primera cualidad es que no sienta odio por ningún ser vivo de toda la creación. Sentimos odio cuando algo o alguien impide que se cumplan nuestros deseos, placeres y expectativas. Esperamos muchas cosas de los demás, y cuando nuestras expectativas no se cumplen, empezamos a mostrar aversión u odio hacia esas personas. Sólo el amor que está libre de toda expectativa es auténtico amor. Un verdadero devoto no tiene expectativas por nada. Un devoto así tiene una visión ecuánime hacia todo. Acepta cualquier cosa que venga, buena o mala, como procedente de la dulce voluntad divina.

Otra causa que nos hace desarrollar odio por alguien es el sentimiento de que la otra persona es diferente de nosotros mismos. Los *jnanis* se ven a sí mismos en toda la creación, y ven a toda la creación en sí mismos. Rebosan amor hacia todos los seres del mundo. Este amor por todos los seres es la segunda cualidad de un auténtico devoto.

El mayor ejemplo de esto es Amma, quien dice: "Una continua corriente de Amor fluye de mí hacia todos los seres del cosmos." Amma no siente odio ni siquiera resentimiento hacia ningún ser de este universo. "Aquellos que me odian y aquellos que me aman, son iguales para mí," dice Amma. Ella siente el mismo amor por todo. Su amor abarca a toda la Creación.

Amma nos explica el amor universal con un maravilloso ejemplo: "Si nuestra mano golpea accidentalmente a nuestro ojo, no castigamos a nuestra mano o acusamos a nuestro ojo, pues forman parte de nuestro cuerpo. Así, también, la misma Conciencia impregna todo el universo, y toda la Creación es la encarnación de Dios." Un auténtico devoto ve a su bienamada Deidad en todos los seres. Por tanto, no hay espacio en su corazón para ningún sentimiento negativo hacia los demás.

Hace muchos años, después de que el primo de Amma intentara matarla, éste fue ingresado en el hospital aquejado de una enfermedad mortal. Antes de que muriera, Amma lo visitó, lo acarició, lo consoló y lo alimentó amorosamente con sus propias manos. El primo estaba lleno de remordimientos por lo que había intentado hacer, y estalló en lágrimas al experimentar la compasión y el perdón de Amma.

Un asombroso suceso en la vida de San Namadev ilustra el amor universal de un auténtico devoto. Namadev era un ardiente devoto del Señor y había alcanzado las altas cumbres de la Realización de Dios. Un día Namadev se disponía a tomar su comida, que consistía en unos pocos *chapattis* (tortitas de pan) y un poco de mantequilla. Cuando estaba a punto de comer, se presentó un perro y se llevó un *chapatti*. Namadev corrió tras el perro con el resto de *chapattis* en su mano. Después de una larga persecución, finalmente atrapó al perro. Tomó el *chapatti* de la boca del perro y empezó a untar mantequilla en él, rogándole al perro con amor y devoción: "Oh, Señor, no te comas estos *chapattis* tan secos, pues podrías atragantarte con ellos. Por favor, tómalos con algo de mantequilla." Namadev estaba viendo al perro como una manifestación del Señor. Al alimentar al perro, él estaba alimentando al Señor mismo. Así es la maravillosa visión de un auténtico devoto.

Para los verdaderos devotos, Dios lo es Todo en todo. Ellos lo ven todo como la voluntad de Dios y aceptan todas las cosas —buenas o malas, placenteras o molestas— como *prasad* de Dios. La devoción de un auténtico devoto es firme en todas las circunstancias. No se quejan ni se sienten insatisfechos, ni siquiera cuando las circunstancias son desfavorables. Dios mora en el corazón de un auténtico devoto y acude presto a ayudarle cuando está en dificultades. Cuando la invocación de un devoto es sincera, Dios responde inmediatamente. Cuanto más intensa es la oración de un devoto, más rápida será la respuesta de Dios.

Nilambaran es un ardiente devoto de Amma. Vive en una aldea cercana al ashram. Trabajaba en labores del campo y acude siempre sin faltar a los *bhava darshan* de Amma tras estar todo el día trabajando. Hace unos pocos años, tuvo que hacer frente a dificultades económicas. Un día, mientras trabajaba en el campo, inconscientemente dijo: "Creo que mi familia lo va a pasar mal en los próximos días, pues no tengo dinero para comprarles comida."

Sus colegas solían criticar a Amma. Al enterarse de lo que había dicho, se burlaron de Nilambaran diciéndole: "¿Por qué estás preocupado? Seguramente, la joven a la que adoras como Devi te conseguirá el dinero." Al oír aquellas palabras burlonas, Nilambaran se sintió muy apenado y rezó con intensidad a Amma para que le ayudara a salir de aquella difícil situación. Llegó la hora de la comida, y mientras estaban todos los trabajadores sentados a la sombra de un árbol, una muchacha se aproximó de pronto a Nilambaran con un billete de veinte rupias en su mano. Sin decir una sola palabra, entregó el billete en la mano de Nilambaran y se marchó inmediatamente. Nilambaran se quedó sorprendido pues nunca antes había visto a aquella muchacha. No sabía por qué ella le entregaba el billete de veinte rupias. Los otros trabajadores pensaron que la chica estaba devolviendo alguna deuda, pero Nilambaran no había prestado dinero a nadie. Los compañeros le preguntaron quién era aquella chica y Nilambaran dijo que no la conocía. Sus colegas se quedaron también sorprendidos.

Al día siguiente, durante el *Devi bhava*, cuando Nilambaran fue al *darshan* de Amma, ella le susurró al oído: "Hijo, ¿te dio Devi tu dinero ayer? Hijo mío, fue Amma la que se acercó ayer a ti." Nilambaran se quedó pasmado y abundantes lágrimas de devoción empezaron a rodar por sus mejillas.

Un auténtico devoto lo entrega todo —su cuerpo, mente e intelecto— a Dios, y depende completamente de Dios. Es difícil conseguir una entrega así. Cuando surge alguna situación difícil, puede que abandonemos ese espíritu de entrega. Mucha gente dice que se ha refugiado en Dios, pero tienden a olvidarlo, ya que sólo creen en sus propias fuerzas. Se sienten orgullosos de su propia capacidad para resolver problemas. Cuando el ego entra en juego, toda entrega se desvanece. Hay una historia del Señor Shiva que claramente revela esta verdad.

Un día, el Señor Shiva estaba sentado con su sagrada consorte, Parvati, en la Montaña Kailas. De pronto se levantó y salió sin decir una sola palabra. Parvati se quedó sorprendida. Sin embargo, al cabo de unos pocos segundos, el Señor Shiva volvió y se sentó de nuevo. Entonces Parvati le preguntó : « Señor, ¿dónde has ido con tanta prisa y por qué has vuelto tan pronto?"

El Señor le dijo: "Uno de mis devotos estaba siendo atosigado por algunos maleantes, y el devoto estaba implorando mi ayuda."

"¿Lo salvaste?", preguntó Parvati.

El Señor Shiva sonrió y dijo: "No tuve que intervenir. Nada más llegar allí, vi que él había tomado una piedra y estaba pidiendo a sus vecinos que se unieran a la lucha. Por tanto, volví. Si el devoto siente que puede protegerse a sí mismo, ¿qué necesidad hay de que acuda en su rescate?"

El significado de la historia no implica que nosotros no debamos defendernos cuando nos atacan o amenazan, sino que deberíamos tener siempre presente que es el poder de Dios, y no nuestro poder ni el de los compañeros, el que nos da la victoria.

Todo es voluntad de Dios

Un buscador que sigue el camino de la devoción, ve las cosas del siguiente modo: "Todo es mi Bienamado. No soy absolutamente nada. Todo se desarrolla de acuerdo con la voluntad de Dios."

El devoto se considera a sí mismo como un instrumento o un siervo de Dios, y por ello tiene menos probabilidad de volverse egoísta que un buscador que siga otros caminos. Para un auténtico devoto, todo es Dios. Esa es la gran diferencia con el buscador del camino del conocimiento que piensa: "Yo soy todo (el Ser)." Las ventajas de ser un devoto son muchas. La vida de un auténtico devoto está totalmente consagrada a Dios cualquiera que sea la situación en la que se encuentre. No le afecta el sufrimiento. El devoto lleva una vida despreocupada bajo el ala protectora de Dios, siempre alegre en el pensamiento de su bienamado Señor. Sin embargo, no es frecuente encontrar devotos así. Alcanzar esa pura devoción es como obtener un gran premio en la lotería. ¡El número de aspirantes es bien grande y los ganadores son bien pocos! Ciertamente se requiere la suprema gracia de Dios para que alguien alcance pura devoción. No obstante, es mucho más fácil para nosotros, que tenemos a Amma en nuestro entorno, como la misma encarnación de la gracia y el amor divinos.

El fruto de la devoción puede disfrutarse desde el principio. Como Amma señala: "*Bhakti* (devoción) es como un árbol de *jackfruit* que da sus frutos desde la misma base, permitiendo que sean fácilmente recolectados. En el caso de otros árboles (que podemos comparar con los otros senderos espirituales), tendrás que escalar hasta lo alto para recoger el fruto. En el camino de la devoción, se puede gozar del fruto de la dicha desde sus inicios, mientras que en los otros caminos pueden conseguirse, únicamente, al final del camino."

Capítulo 9

El camino de la acción

Comprender y aceptar con desapego

¿Por qué rezamos a Dios? La mayoría lo hacemos porque queremos ser felices y estar contentos. Simplemente afirmamos que rezamos a Dios para conseguir algo o deshacernos de algo. Supongamos que tengamos que emplear todo nuestro tiempo en recordar a nuestro Gurú o a Dios, aunque nos veamos acosados por multitud de problemas. ¿Cuánto durará nuestra fe y devoción? ¿Quién puede amar a un Dios que no ha visto y que continuamente nos envía problemas y dificultades? En esas circunstancias, uno puede llegar a convertirse en un ateo. Incluso nos puede resultar más difícil amar a aquellos que son instrumento de nuestro dolor y sufrimiento.

Pero miremos a Amma. Ella nunca recibió amor de nadie durante su infancia. Toda su familia y vecinos solían insultarla y ridiculizarla. Nadie fortalecía su alma con adecuados consejos espirituales, ningún Gurú. (Desde luego, ella no tenía necesidad de un Maestro, pues ella había nacido con sabiduría y conocimiento supremos.) A pesar de estas adversas circunstancias, ella nunca se quejó, y ni una sola vez perdió su fe. Ante cualquier tipo de maltrato que recibía, ella sólo respondía con amor y compasión.

Amma ha sido siempre como la rosa, que acepta boñigas de vaca y estiércol, y entrega belleza y fragancia al mundo.

Una vez le pregunté: "Amma no te sentiste decepcionada, especialmente durante aquel largo periodo de penurias?"

Amma contestó: "No estaba nada decepcionada porque conocía la naturaleza de la gente y del mundo, y nunca esperé nada de nadie. Seguía haciendo mi trabajo y atendía mis responsabilidades sin esperar nada a cambio. De ahí que no hubiera decepción." Amma también añadió que ella no esperaba disfrutar de los resultados de sus acciones, sino disfrutar de la acción en sí misma. Este es un mensaje importante para todos nosotros. Podemos pensar que el coraje y la compasión de Amma están más allá de nuestro alcance. No obstante, si tratamos de asumir estas enseñanzas de Amma, podemos sin duda alguna mejorar nuestras propias vidas.

Cada circunstancia por la que atravesamos, tiene muchas posibles salidas. Desgraciadamente, a causa de nuestra visión limitada, esperamos un solo resultado y nos sentimos decepcionados si el resultado es diferente a lo que habíamos previsto. Eso no quiere decir que tengamos que aceptar sin más todo tal como nos llegue. Uno no tiene que llegar a ser una simple marioneta dejándose arrastrar por los acontecimientos. Pongamos todo nuestro empeño en conseguir el resultado que queremos, pero si no es posible, entonces deberíamos aprender a aceptar el resultado, cualquiera que sea.

A veces, podemos encontrarnos en una situación en la que no sea posible escapar. ¡Sería como querer huir de nuestros propios pies! Y al mismo tiempo, es posible que no tengamos la fuerza necesaria para afrontar el problema. ¿Qué podemos hacer?

Lo que necesitamos es una clara comprensión y aceptación de la situación. Un hombre le dijo a su amigo: "En los días fríos, sé lo que tengo que hacer: resguardarme del frío. Si no es posible, entonces sé que puedo hacer otra cosa: ¡helarme de frío!"

La clave del éxito en la vida, según las Escrituras hindúes, es actuar de todo corazón, sin estar apegado a los frutos de esa acción, sin sentirse demasiado implicado en los resultados. Podemos pensar que es imposible actuar sin expectativas. Entonces, cuando esperes algo, espera cualquier posible resultado. En caso contrario, prepárate para la decepción.

Suponed que necesito 1.000 dólares y le pido a un amigo que me deje esa cantidad. Puedo esperar, al menos, cinco posibles resultados:

1) Que me dé los 1.000 dólares

2) Que piense que soy una buena persona y recuerde que le he ayudado en muchas ocasiones. Por tanto, es posible que me dé más de 1.000 dólares.

3) Que él también tenga dificultades económicas y solo me dé 500 dólares.

4) Que tenga tales dificultades económicas que no pueda darme nada.

5) Que sus dificultades sean mayores que las mías y, en lugar de ayudarme, intente que yo le preste algún dinero. Y, al final, sea yo el que le dé algo de dinero

Ciertamente, he podido conseguir más de lo que pedía, o bien mucho menos. También he podido obtener la misma cantidad que esperaba o no lograr nada. E incluso al final he podido darle algún dinero, si sus necesidades son más acuciantes que las mías. Cada uno de estos resultados es posible. Nosotros no tenemos el control de lo que puede sucedernos. Como dice la *Bhagavad Gita*: "Tenemos la libertad de actuar, pero no podemos determinar el resultado, pues el resultado de una acción también depende de otros factores. Por tanto, realiza tus acciones sin estar apegado a los resultados."

Reconocer esta verdad no implica pesimismo, sino ser realistas. Puede que estés familiarizado con las Leyes de Murphy, que dicen: "Todo lo que tenga que ir mal, irá mal." Por ejemplo, si un coche puede tener una avería, acabará averiado. Podemos volver nuestro pesimismo en realismo si añadimos: "Si no se averió, fue gracias a Dios." Sólo una mente receptiva y fuerte puede asimilar estas verdades.

Ejercitando la mente

Desarrollar la fuerza y la comprensión para aceptar los resultados de nuestras acciones, cualesquiera que sean, es verdadera madurez. Por eso Amma nos dice que la madurez mental y emocional es muy importante para una vida feliz y pacífica.

Amma nos pone un ejemplo. Si solo ejercitamos una pequeña parte de nuestro cuerpo, como nuestros brazos y pecho, esas partes desarrollarán sin duda una potente musculatura, mientras que las partes inferiores del cuerpo se desarrollarán mucho menos. ¡Qué sorprendente es ver a una persona con una gran musculatura pectoral, grandes bíceps y tríceps, y con los mulos y las pantorrillas bien delgadas y débiles! Ha tenido un desarrollo desproporcionado.

Muchos de nosotros somos físicamente fuertes y maduros. Hacemos ejercicios físicos y nos mantenemos en forma. Desgraciadamente, apenas ejercitamos la mente para que sea más fuerte y madura. Si queremos convertirnos en buenos levantadores de pesas, tenemos que practicar levantando grandes pesos, pues no basta con levantar una hoja de papel o un lápiz. De igual manera, si queremos desarrollarnos completamente, debemos ejercitar nuestra mente, que es el fundamento de todas nuestras acciones, palabras y pensamientos. Las situaciones difíciles y los retos de la vida pueden ser utilizados para ejercitar la mente.

Cuando actuamos con demasiado apego respecto al resultado de una acción, o nos sentimos implicados en ella, nuestra actuación se ve afectada. Cuando tomamos parte en una competición, queremos naturalmente obtener el primer premio, pero muchas veces el gran deseo que tenemos por ganar llega a inquietarnos. Si pensamos más en ganar que en actuar, la presión de ganar minará nuestra fuerza. La mente no puede funcionar bien si está apegada a un resultado.

Tomemos el ejemplo de una competición de tiro. Durante las practicas muchos participantes actuarán sumamente bien. No están pensando en ningún premio en particular, sólo están practicando. Sin embargo, cuando empiezan a disparar durante la verdadera competición, pueden ponerse nerviosos al pensar en ganar el premio. Puede que vean dos dianas y pierdan su puntería. Lo que ha sucedido no es que haya disminuido su habilidad para disparar, sino que al pensar en el premio se ha dividido la atención de la persona, perturbando su concentración. Me gustaría relatar una de mis experiencias al respecto.

Tras graduarme en la facultad, busqué trabajo y me llamaron para hacer una entrevista. Era la primera vez, y mi gran interés por obtener aquel trabajo en particular, me generó una gran tensión. Sólo pensaba en obtener el trabajo y en si lo conseguiría o no. Mientras me hacía estas preguntas, me pidieron que entrara a hacer la entrevista. Los funcionarios sólo me hicieron algunas preguntas sencillas, pero dado mi estado mental en aquel momento, confundí las respuestas. No fueron nada contundentes. Al final de la entrevista, el funcionario jefe me dijo: "Gracias. Ya te avisaremos." Eso fue hace años. ¡Todavía no me han avisado!

Ciertamente nuestra obsesión y ansiedad por los resultados de nuestras acciones nos pasa factura. Amma siempre dice que mientras actuamos, debemos centrar nuestra atención completamente en la acción, sin pensar en el resultado. Antes de empezar vuestra actuación, aseguraos de vuestra meta. Pero mientras la realicéis, no debe producirse ninguna perturbación o distracción en vuestra mente.

Amma logró una sorprendente madurez psicológica a muy temprana edad, lo consiguió aprendiendo de cada situación adversa a la que tuvo que enfrentarse. Cada experiencia difícil era un episodio del libro de la vida que ella asimilaba, sin ningún tipo de queja ni odio hacia nadie. Su atención, conciencia y discernimiento le permitieron digerir todo tipo de experiencias, y siempre estaba dispuesta a afrontar otros retos. Cada circunstancia adversa se convertía en alimento para hacer que su espíritu creciera en esplendor y fuerza. Nunca dejó de aprender una nueva lección de cualquier situación vital. Por eso hoy su vida brilla como la estrella polar, guiando a innumerables almas perdidas.

Amma no solo tiene esta capacidad en sí misma, sino que también ayuda a desarrollar esa capacidad. Durante uno de los programas de Amma en su ashram de San Ramón, California, se produjo un incendio inesperado en la cocina y algunos devotos sufrieron heridas. Amma, los *swamis* y muchos otros devotos fueron a verlos al hospital para darles apoyo moral y rezar por ellos. Amma también los llamó por teléfono muchas veces. Aunque ellos sufrieron físicamente, sus mentes no se veían afectadas negativamente gracias al amor y la preocupación que mostraba Amma hacia ellos. De hecho, todos volvieron a la cocina cuando Amma visitó de nuevo San Ramón, y todos sentían más entusiasmo y dedicación que nunca.

Cuando estuve hablando con ellos, me contaron que su fe en Amma era más profunda después del incendio porque habían sentido la presencia, la gracia, la fuerza y el apoyo de Amma en medio de sus dificultades. Ellos también sabían que si el accidente hubiera ocurrido en cualquier otro lugar o en otro momento, no se hubieran recuperado tan rápidamente de su conmoción, dolor y sufrimiento. Muchos de ellos dijeron que cada vez que Amma los llamaba o les enviaba algún *prasad* a través de otros devotos, recibían dosis frescas de energía y fuerza. Sabían que su *prarabdha karma* era sufrir así, y ese accidente tenía que sucederles allí donde hubieran estado. Dado que ocurrió cuando Amma estaba cerca de ellos, les fue posible recibir la atención y el consuelo personal de Amma, lo que les ayudó mucho a aliviar su sufrimiento.

Uno de los devotos afectados dijo: "El incendio ha causado heridas en nuestro cuerpo pero no en nuestra fe, ni en nuestro espíritu. De hecho, ha incrementado nuestra fe." En lugar de valorar el accidente de un modo negativo o como causa de su destino, ellos lo vieron como una oportunidad de crecimiento y de poder entregarse de nuevo a los pies de Amma. No permitieron que se convirtiera en un escollo, sino en algo positivo para su crecimiento espiritual.

Callejón sin salida

Como buscadores espirituales, todos estamos interesados en el desarrollo espiritual. Queremos progresar en la práctica espiritual, ya sea meditación o recitado de *mantras*, y sabemos lo importante que es mantener una mente calmada y tranquila durante esas prácticas espirituales. Muchos que empiezan esas prácticas acaban decepcionados porque no son capaces de silenciar su mente. Es muy importante para un buscador saber qué factores afectan a la mente durante la meditación.

La mayoría de nosotros nos dedicamos a hacer la practica espiritual durante un periodo de tiempo cada día, mientras que dedicamos el resto del día a una amplia variedad de actividades: hacer las tareas domésticas, cumplir con nuestro trabajo, estudiar, ver la televisión, ir al cine, etc. Muchas de estas actividades mundanas no son apropiadas para meditar. De hecho, su impacto perturba nuestra mente y pone en peligro los resultados que conseguimos con la meditación.

Es como mezclar sal con azúcar. El azúcar es la dulzura que procede de la meditación y otras prácticas espirituales. La sal es el impacto de las acciones externas. No podemos disfrutar de la dulzura si lo que tenemos es una mezcla de sal y azúcar. Cuando nuestra meditación se ve afectada por nuestras actividades diarias, somos incapaces de gozar de los frutos de nuestra meditación.

Amma nos pone el ejemplo de una escalera mecánica que va en dirección opuesta a la que queremos ir. Por muy rápido que vayamos, apenas avanzaremos. Nos encontramos en un callejón sin salida. Si continuamos realizando acciones externas, muchas de estas actividades nos impedirán disfrutar de los frutos de nuestra meditación. Pero si abandonamos esas actividades, no podemos ganarnos la vida, y sin un salario, ¿cómo vamos a meditar tranquilamente? Por tanto, ¿cuál es la solución?

Todas nuestras acciones causan un impacto, directo o indirecto, en nuestra meditación. Algunas acciones producen efectos positivos y otras negativos. La solución es intentar transformar cada acción en una adoración a la Divinidad. Intentar recordar a Dios en cada acción. Si mantenemos esa actitud atenta en todas las acciones cotidianas, eso nos será de gran ayuda en nuestra meditación.

Convertir el trabajo en una adoración

Si observamos los años juveniles de Amma, podemos ver cómo transformaba cada tarea doméstica en una forma de adoración. Se involucraba en muchas actividades que generalmente no se consideran espirituales: cocinar para la familia, limpiar la casa, hacer la colada, traer agua desde la fuente pública y atender el establo de vacas. Por su actitud, Amma era capaz de convertir sus tareas doméstica en una adoración a Dios. Mientras preparaba comida para su familia, mantenía la actitud de que estaba cocinando para el Señor Krishna. Mientras limpiaba la casa, ella imaginaba que lo hacía para recibir a Krishna. Mientras lavaba la ropa de su familia, imaginaba que estaba lavando las prendas de Krishna. A causa de su devoción y amor puro por Krishna, ponía todo su corazón y su alma en lo que hacía, sin aburrirse ni cansarse. Siempre rezaba para conseguir más y más trabajo, para servir a Krishna y contentar su corazón. Ningún maltrato, procedente de sus padres o de otras personas, le afectaba la alegría interna que le producía servir a su bienamado Krishna de la mejor manera posible.

Si tuviéramos ese amor y devoción hacia Dios o hacia el Gurú, también podríamos experimentar esa alegría interior. Aumentaría la calidad de nuestro trabajo y de la meditación, y viviríamos llenos de amor y felicidad. Cuando consigamos adiestrar la mente para que lo vea todo como perteneciente a Dios o a Amma, y mantengamos la actitud de que cualquier trabajo que hacemos es una oportunidad para servirle, entonces nos será posible alcanzar esa sinergia hacia nuestro trabajo y meditación.

Si hacemos nuestro trabajo y deberes con esa actitud devocional, también podremos vencer muchas tendencias negativas.

Cuando trabajaba en un banco, solía enfadarme con los clientes, especialmente con los que parecían unos aldeanos incultos. Si alguno se equivocaba al rellenar un impreso para retirar o ingresar dinero, me irritaba. Este hábito continuó durante unos pocos años incluso después de estar con Amma. Tras conocer las instrucciones amorosas que daba Amma, sentí que tenía que desechar ese mal hábito. Lo intenté muchas veces, pero nunca lo conseguía.

Un día, fui a ver a Amma y le hablé de mi mal temperamento. Le pregunté cómo podía vencerlo. Amma me enseñó un método muy sencillo. Me preguntó si sentía respeto y amor por alguna persona. Recordé a uno de mis mejores profesores y también a uno de mis antiguos directivos del banco, a quien no sólo amaba y respetaba sino que iba a menudo a visitarlo. Le hablé a Amma de estas dos personas y ella me preguntó: "Si ellas enviaran a alguien a hacer algún trámite en tu banco, ¿Qué harías?" Le dije que los recibiría cordialmente y haría todo lo necesario por ayudarles." Entonces, Amma me preguntó: "¿Qué harías si fuera Amma la que te enviaba a alguien?" Le respondí que si sabía que Amma me había enviado a alguien, lo serviría con amor y también lo convidaría a tomar algo. Amma dijo: "Ahí estás tú. De mañana en adelante, cuando estés en el banco tratando con un cliente, imagina que Amma te lo ha enviado. Si realmente me amas, lo tratarás afectuosamente, no te irritarás con nadie, aunque se equivoque. A partir de mañana, practica este método."

Me sentí muy feliz al oír aquella solución tan sencilla, y algo menos al pensar en lo difícil que sería ponerla en práctica. Fallé muchas veces y, cuando me daba cuenta de mi error, pedía disculpas a la persona con la que me había enfadado. Cada día, antes de empezar a trabajar, rogaba a Amma para que me diera la fuerza y la paciencia necesarias. Al cabo de unos cuantos meses, era capaz de vencer mi mal temperamento de forma natural y en gran medida. También, empecé a sentirme feliz porque veía que tenía éxito en llevar a la práctica la enseñanza de Amma. A los dos años, me resultaba fácil tratar con los clientes mostrándome sonriente y afectuoso.

Previamente, sentía que estaba perdiendo mi tiempo trabajando en el banco mientras que otros *brahmacharis* hacían sus prácticas espirituales en el ashram. Este sentimiento de frustración también era una de las principales razones de mi mal temperamento hacia los clientes. Después de practicar ese método tan efectivo de recordar cómo tratar a todos afectuosamente, me sentí feliz al saber que estaba siguiendo las instrucciones de Amma y desarrollando una actitud de plena adoración en mi trabajo.

La actitud y comprensión correctas

Había un granjero que tenía una gran finca. Fue a una ferretería a comprar una sierra para cortar algunos árboles de su huerta. El vendedor le mostró las últimas novedades y le dijo que con aquellas motosierras podía cortar hasta cincuenta árboles en una hora. La sierra era, desde luego, muy cara, pero el granjero decidió comprarla. Una semana después volvió a la tienda con una queja. "Esta sierra está defectuosa," le dijo al vendedor. "Me dijiste que podía cortar cincuenta árboles en una hora, pero ni siquiera he podido cortar diez en una hora." El vendedor tomó la sierra y la enchufó a la corriente para probarla. La puso en marcha e, inmediatamente, hizo un gran ruido. El granjero estaba sorprendido. "¡Espera un momento! ¿Qué ha sido ese ruido? Nunca oía nada cuando la utilizaba."

El granjero había estado utilizando la motosierra como si fuera una sierra manual. La utilizaba sin conectarla a la corriente. El granjero carecía de una adecuada comprensión sobre su funcionamiento.

Nosotros necesitamos una buena comprensión de por qué estamos haciendo práctica espiritual y de cómo nuestras acciones inciden en esa práctica espiritual. Con una correcta comprensión y actitud, la mayoría de las acciones que hagamos serán un buen apoyo a nuestra práctica espiritual. Amma nos dice que con una correcta actitud, nuestras acciones pueden convertirse en una adoración.

Como cabezas de familia, podemos asumir muchas responsabilidades. Desempeñar esas responsabilidades con amor y sinceridad, sin esperar nada a cambio, es un modo de adoración a Dios o a Amma. Si realizamos esas tareas como un medio de complacer a Amma o a Dios, eso nos será de gran ayuda en nuestra práctica espiritual.

A veces, aunque hagamos nuestros deberes sinceramente por el bien de la familia, es posible que no recibamos una respuesta positiva de los demás. Los otros miembros familiares puede que no aprecien nuestros esfuerzos o que incluso los entiendan mal y se comporten rudamente con nosotros. No obstante, si somos profundamente sinceros, y realizamos nuestros deberes como una ofrenda a Dios o a Amma, eso nos ayudará muchísimo en nuestro progreso espiritual.

Hay dos resultados en cada acción. Uno puede ser visto, mientras que el otro tal vez no lo sea. Cuando ayudamos a alguien —por ejemplo, cuando damos comida a un hambriento— puede que veamos en su rostro la felicidad y la alegría que siente, mientras apacigua su hambre. El efecto que no vemos es el mérito o el buen *karma* que aumenta nuestro beneficio por esta acción positiva. Y este mérito producirá sus frutos a su debido tiempo.

De igual forma, hay dos efectos cuando un asesino mata a alguien. El efecto que vemos es que la víctima muere. El que no vemos es el pecado o el mal *karma* en el que ha incurrido el asesino, y este invariablemente perseguirá y afligirá al autor de la muerte, aunque logre escapar de la justicia.

Tanto si nuestras palabras y acciones positivas son apreciadas o no por los demás, el beneficio de sus efectos invisibles siempre vendrán a nosotros en el futuro. Esta es la ventaja de desempeñar nuestras obligaciones y responsabilidades sinceramente.

Tendemos a sentir gusto hacia unas responsabilidades y aversión hacia otras. A un padre no le gusta ayudar a su hijo en sus deberes escolares, a otro no le gusta sacar la basura. Nos gusta jugar con nuestros hijos cuando están contentos, pero no nos gusta tratar con ellos cuando están llorando.

Había una pareja que tenía un hijo que lloraba muy a menudo. Cada vez que lloraba, la madre iba corriendo, mientras que el padre hacía como que no se enteraba. Al final, la madre le reprochó al padre: "¿Por qué no lo atiendes alguna vez? A fin de cuentas, es medio tuyo y medio mío."

El padre del muchacho contestó: "Si, pero mi media parte es la silenciosa."

Cuando tenemos gustos y aversiones, nuestra mente se muestra agitada. Como consecuencia, nuestra meditación se ve alterada. Es importante eliminar nuestros gustos y aversiones tanto como nos sea posible. Si desempeñamos nuestras responsabilidades con la actitud y la comprensión correctas, esas obligaciones pueden ayudarnos a superar nuestros gustos y aversiones.

Había un joven que acababa de ingresar en el ashram de Amma. Quería ser un *brahmachari*. Sin embargo, no estaba interesado en recitar un *mantra*. Consideraba que era un ejercicio aburrido estar repitiendo las mismas palabras una y otra vez. Amma siempre decía que intentáramos recitar nuestro *mantra* tanto como nos fuera posible. Al enterarse Amma de su aversión por el recitado del *mantra*, le ofreció la tarea de contestar las llamadas telefónicas en la oficina de información y recepción. Todas las llamadas telefónicas tenían que ser contestadas manualmente pues no contábamos con un teléfono que tuviera contestador automático.

En el ashram, cuando descolgamos el teléfono, solemos decir: "Om Namah Shivaya," y no "Hola," o "¿Sí?" Y cuando colgamos, también decimos "Om Namah Shivaya." No decimos, "Adiós." Todos sabemos que "Om Namah Shivaya" es un *mantra* poderoso. Significa: "Me postro ante la Unidad Eternamente Auspiciosa." Por tanto este aspirante espiritual tenía que decir: "Om Namah Shivaya," cada vez que descolgaba o colgaba el teléfono. Así, cada día tenía que decir: "Om Namah Shivaya" 100 veces o incluso más. Y dado que las líneas telefónicas eran inadecuadas en aquellos tiempos, la conexión era deficiente. Por tanto, el *brahmachari* tenía que gritar: "¡Om Namah Shivaya! unas cuantas veces más. De este modo tenía que recitar el *mantra* cientos de veces al cabo del día. Aunque tenía que decir "Om Namah Shivaya" tantas veces al día, no era consciente de que estaba recitando un *mantra*. Con el tiempo, a fin de hacer bien su tarea, el *brahmachari* superó su aversión por el recitado del *mantra*. Al final, un día fue a ver a Amma y le pidió que lo iniciara con el *mantra* de "Om Namah Shivaya."

Ya seamos hombres de negocios, trabajadores, políticos o doctores, si hacemos nuestro deber como una ofrenda a la Divinidad, podemos, en gran medida, superar nuestros gustos y aversiones. Eso nos ayudará en nuestra meditación, porque a medida que disminuyan los gustos y aversiones que tengamos, más calmada y tranquila será la mente, y la meditación nos resultará mucho más fácil.

Cuando dominamos los gustos y aversiones, es más fácil ver a Dios en todo. Dejaremos de juzgar a una persona como alguien que nos gusta o disgusta. Normalmente, nos gusta o amamos a una persona por nuestra ilusión y apegos, y nos disgusta una persona a causa de nuestro egoísmo, celos y otras cualidades negativas que impiden que veamos la divinidad en esa persona.

Incluso cuando tenía 10 años, Amma ya había madurado lo suficiente para entender lo que era la correcta comprensión y actitud. En la aldea había muchas personas mayores que no eran atendidas por sus familiares. Algunos estaban enfermos. Otros tenían una terrible enfermedad contagiosa en la piel, y sus propias familias los evitaban. Pero Amma se acercaba a ellos, les hablaba amorosamente, los bañaba, les lavaba la ropa y los alimentaba. Cuando sus padres la reprendían por gastar su tiempo de esa manera, ella decía: "No considero que servir a esa gente sea una pérdida de tiempo, pues no los veo como diferentes de Dios. Al servirlos a ellos, sirvo a Dios."

Amma dice a menudo: "El sol no necesita la ayuda de una vela. De igual modo, Dios no necesita nada de nosotros. Dios no está sentado en algún lugar en lo alto del cielo. Dios mora en todas las criaturas. Por tanto, al servir a los demás, especialmente a los pobres y a los que sufren, estamos realmente sirviendo a Dios."

Percibir a Dios en todas las cosas

Un día, pillaron a un golfillo del vecindario robando algunas joyas y dinero en la oficina del ashram. En aquella época las condiciones económicas del ashram constituían todo un reto, y ese muchacho había sido amonestado varias veces por los residentes del ashram. Así cuando lo pillaron robando otra vez, algunos de nosotros nos enfadamos mucho. Le sujetamos las manos a la espalda y lo llevamos a ver a Amma, pensado que ella le daría una buena regañina. Al ver al muchacho, Amma se puso a reír y, de pronto, parecía como si Amma estuviera en otro mundo.

Esperamos más de cincuenta minutos, pero Amma no decía nada. Por tanto, dejamos que el muchacho se fuera, dándole una severa advertencia. Mas tarde, Amma nos dijo que cuando el muchacho se paró frente a ella con sus manos atadas a la espalda, recordó a Krishna cuando era un bebé. En su infancia, el Señor Krishna solía robar mantequilla y leche de los vaqueros. Los vecinos se quejaban a la madrastra de Krishna, Yashoda. Cada día se enteraba de las travesuras que hacía Krishna. Las quejas iban en aumento día a día, hasta que, finalmente, no pudo aguantar más. La madrastra ató las manos de Krishna a su espalda y lo riñó haciendo gala de ira.

Muchos lectores occidentales pueden estar interesados en saber por qué el Señor Krishna actuaba como un "ladrón de mantequilla." En Brindavan, donde Krishna pasó su infancia, las gopis eran unas pobres vaquerizas que se ganaban la vida vendiendo leche y mantequilla. Krishna vio que todos sus pensamientos giraban en torno a estos productos lácteos. Así, aunque tenía todo lo que deseaba en su propia casa, él se introducía en la casa de las gopis y les robaba su leche, cuajada y mantequilla. Las gopis lo amaban tanto que cada una de ellas deseaba que Krishna fuera a su casa aquel día a robarle. Las gopis también disfrutaban cuando se contaban entre ellas y con la madre de Krishna sus travesuras. De este modo, Krishna se convirtió bien pronto en la figura central de todos los pensamientos y conversaciones de las gopis. Así, sin esfuerzo, las gopis podían meditar en Krishna todo el día. Por tanto, al robarles su mantequilla, lo que Krishna les robaba realmente era su corazón.

Cuando Amma vio al muchacho que había robado en el ashram, sintió que tenía delante de ella al pequeño Krishna. Por tanto, ¿cómo iba a reñirlo? Amma fue capaz de ver a Dios incluso en un ladrón. Y el muchacho se transformó por el comportamiento de Amma. No volvió a robar más. Cuando Amma vio la santidad en él, también invocó a las buenas cualidades que tenía ocultas en su interior.

Eso no significa que nosotros dejemos a los delincuentes hacer lo que les plazca, diciendo que vemos a Dios en ellos. Si alguien nos roba o comete algún otro delito, deberíamos protegernos y llamar a la policía. Deberíamos actuar con discernimiento. Aunque viéramos a Dios en un delincuente, ¡no nos sería posible despertar la santidad en él!

A los pocos días, cometí un error y sabía que Amma iba a llamarme la atención. Al ser testigo de cómo Amma había visto a Krishna en el pequeño ladrón, pedí a un *brahmachari* que me atara las manos a la espalda y me llevara a ver a Amma. Estaba seguro de que Amma también vería a Krishna en mí. Pero, nada más verme, me despidió. Dado que era un buscador espiritual,

Amma esperaba que tuviera un poco más de discernimiento y madurez.

En sus primeros años, a Amma le bastaba cualquier elemento de la naturaleza para entrar en *samadhi*. Cuando veía un pez saltando en la laguna marina, cuando observaba las pequeñas olas en la superficie del agua o cuando la brisa acariciaba su cuerpo, se sumergía en profunda meditación.

Recuerdo un suceso que ocurrió en el ashram de Amma en San Ramón, California. Era una noche de luna llena. Amma acabó su *darshan* de la noche a las dos de la madrugada. Nos dirigíamos en coche desde el templo a la casa en la que Amma pasaba la noche. Miró la luna llena y dijo: "¡Qué maravilla!" El coche siguió su camino hacia la casa, y Amma se retiró a su habitación. Todos nos fuimos en silencio a dormir. Amma esperó que todos se fueran a dormir para salir a una colina cercana. Más tarde, la brahmacharini que acompañaba a Amma nos contó que estuvo casi cuatro horas danzando en éxtasis bajo la luz de la luna.

Fue suficiente el brillo de la luna llena para que Amma entrara en un estado extático. Muchos de nosotros no actuamos así. Todos hemos visto muchas lunas llenas, hasta lunas azules, pero no nos impactan de esa manera. Más bien, cuando veo una luna llena, pienso en un *chapatti* o un *pappadam*. ¿Por qué son tan diferentes nuestras reacciones de las de Amma? ¿Cómo podríamos parecernos más a ella?

Todo consiste en entrenar la mente para producir un cambio en nuestra actitud y en el modo en el que nos enfrentamos a las actividades cotidianas.

Había una vez un grupo de monjes novicios que se estaban formando en un monasterio. Después de una sesión de trabajo, hicieron una pausa. Durante aquel descanso, podían relajarse observando la naturaleza o bien rezando. A esos descansos se les denominaba "pausa de la plegaria." Uno de los novicios no había abandonado todavía el hábito de fumar. Por tanto le pidió permiso al sacerdote para fumar durante el descanso. El sacerdote le dijo enfadado que cometería un gran pecado, si fumaba.

Al día siguiente, durante la pausa de la plegaria, ese novicio vio que otro joven monje estaba fumando alegremente, sentado en una roca entre los rosales del jardín. Se sorprendió al ver a su hermano fumando, pues él había sido advertido seriamente por el sacerdote. Le preguntó: ¿Cómo conseguiste que te dejara fumar?, pues cuando yo le pregunté al padre si podía fumar, se enfadó mucho conmigo.

El novicio que estaba fumando dijo: "¿Qué le preguntaste al padre?

"Le dije si podía fumar durante la pausa de la plegaria", le contestó el otro novicio.

"No tenías que habérselo preguntado así", le dijo su compañero. "Yo le pregunté si podía rezar mientras fumaba, y el padre me contestó: "¡En cualquier situación! No deberías nunca dejar de rezar."

Le bastó al novicio cambiar la forma de preguntar para que le permitieran hacer lo que quería. Fumar mientras se reza se considera pecado, pero rezar mientras se fuma no lo es.

De igual forma, un ligero cambio en nuestra actitud aumentará considerablemente la calidad de nuestra práctica espiritual. Los pensamientos mundanos durante la meditación dificultan la meditación, mientras que pensar en Dios al hacer las tareas cotidianas nos ayuda, realmente, en nuestra meditación.

Por tanto, intentemos recordar a Amma allí donde estemos y hagamos lo que hagamos, de modo que toda nuestra vida se convierta en una meditación. Este es el momento. Todavía no es demasiado tarde para empezar nuestro camino espiritual y progresar.

Recuerdo un poema famoso:

Cuando la luz brillaba,
y el mercado estaba abierto
no compré nada.
¡Ay! ahora, ha llegado la noche,
las tiendas están cerradas
y pienso en todo lo que necesité.

Por tanto, despierta. Dejemos que se derrame sobre nosotros la gracia de Amma, su amor y su compasión.

Sus brazos siempre están abiertos, listos para abrazarnos.

Capítulo 10

El camino del conocimiento

La naturaleza de la mente

Un buscador que sigue el sendero del conocimiento se centra en Brahman[7]. Medita en la frase: "Yo soy Brahman, soy el imperecedero, el eterno Atman. El Ser que hay en mí es el Ser que está en todos los seres." De acuerdo con las palabras del Señor Krishna, seguir el camino del conocimiento requiere un gran control sobre los sentidos y una mente tranquila. Sobre todo porque los obstáculos que un buscador del camino del conocimiento tendrá que afrontar son enormes. Un buscador que constantemente se diga: "Yo soy Brahman, el Ser Supremo", tiene muchas posibilidades de volverse un egoísta, salvo que haya alcanzado un considerable grado de pureza mental, ya sea en esta o en vidas pasadas, y mantiene una actitud de total entrega a un Maestro vivo. Generalmente, los que tienen una concepción muy arraigada de su propio cuerpo, la contemplación no-dualística puede causarles una cierta auto-decepción. Estos se preguntarán: "¿Por qué tendría que obedecer o inclinarme ante alguien, si soy Brahman?" Se olvidan de que los demás también son Brahman. Fracasan al poner en práctica el espíritu de su gran frase. Los escollos, por tanto, son numerosos y el buscador del aspecto sin forma de Dios tiene que ser extremadamente cuidadoso.

---

[7] Brahman es la Verdad impersonal, sin forma ni atributos. A Brahman se le considera la Realidad Absoluta.

En la *Bhagavad Gita* (capítulo VI, versículo 34), Arjuna y el Señor Krishna mantienen un diálogo sobre la naturaleza de la mente.

Arjuna dice:

cañcalaṁ hi manaḥ Kṛṣṇa
pramāthi balavad dṛḍham
tasyā'haṁ nigrahaṁ manye
vāyor iva suduṣkaram

O Krishna, estás diciéndonos muchas cosas sobre la ecuanimidad y la disciplina mental, pero mi mente está completamente alborotada: es terrible e inflexible. Luchar por controlar la mente es como intentar contener el viento. ¿Qué puedo hacer?

Krishna le responde:

asaṁśayaṁ mahābāho
mano durnigrahaṁ calam
abhyāsena tu kaunteya
vairāgyeṇa ca gṛhyate

Sí, lo que dices es cierto. La mente no descansa, es terrible e inflexible. Contener la mente es tan difícil como contener al viento, pero a través de la práctica y el cultivo de la ecuanimidad, es posible controlarla.

Se suele comparar la mente a un mono, y a veces a un mono borracho, porque la mente es muy traviesa e inquieta. Los monos más jóvenes son especialmente traviesos. Supongamos que el mono más revoltoso es atacado por un escorpión. Ya podéis imaginar el alboroto que causará. Nuestras mentes son todavía peores. Podemos verlo cuando meditamos. Ese es el mejor momento para observar la mente. En otros momentos no somos conscientes de lo que la mente está haciendo. Como si fuera un experimento, sentaros diez minutos en soledad y anotar en un cuaderno todos los pensamientos que pasan por vuestra cabeza. Os sorprenderá lo que descubriréis. Nuestras ideas a menudo son inconexas, y nos dedicamos a saltar de una idea a otra, de una persona a la siguiente, sin ningún ritmo, lógica o razón.

Nos sentimos muy dichosos durante el sueño, cuando la mente no trabaja. También es posible alcanzar esa quietud de mente cuando estamos conscientes, si aprendemos a controlarla y a pensar solo en aquello que queremos pensar. La mente tiene la capacidad de centrarse en la dirección que le marquemos. Tenemos que entrenarla. Aunque sea difícil, es posible dominarla a través de una práctica constante.

Práctica y ecuanimidad

La alteración constante de la mente procede, sobre todo, de sus gustos y aversiones, de nuestras preferencias. Éstas se expresan en forma de apego o repulsión hacia objetos, personas o situaciones. La repulsión es una forma negativa de apego. Nuestra mente actual es como una pluma que se deja arrastrar por el viento en todas las direcciones. Para aquietar la mente, tenemos que liberarla de lo que la empuja o tira de ella, de sus gustos y aversiones.

Aunque haya perturbaciones externas, podremos disfrutar de una gran paz si nuestra mente se libera de ellas. Nuestras alteraciones internas se deben sobre todo a la negatividad que hay en nuestra mente. Tenemos que llegar a ser conscientes de la carga que suponen esas tendencias y sentimientos negativos. Sólo entonces desearemos deshacernos de ellos. En un determinado momento, tendremos que vencer nuestros defectos y, dado que las perturbaciones internas son las más poderosas para quebrar nuestra paz mental, nos conviene dominar esos defectos lo antes posible.

Para liberarnos de las perturbaciones internas, tenemos que disciplinar nuestra mente. Al principio supone todo un desafío la práctica para contener y controlar la mente, pues solemos concederle a la mente una libertad total. Sin embargo, a su debido tiempo, empezará a gustarnos el proceso de disciplinar la mente.

Recuerdo una historia célebre. En la India existe la costumbre de invitar a las casas a los *sannyasines* y ofrecerles comida. Los cabezas de familia consideran que de esa forma se obtienen méritos espirituales. Según la tradición india, una comida completa consiste en seis platos de diferentes gustos: dulce, agrio, astringente, salado, picante y amargo. En algunas casas también sirven calabaza amarga con otros platos. Se supone que los *sannyasines* aceptan tanto lo dulce como lo amargo con ecuanimidad.

Una vez fue invitado un *sannyasin* a una casa donde se le había preparado un menú completo. Era una comida suntuosa que incluía calabaza amarga. Sólo había una cosa que odiaba este *sannyasin*, y era la calabaza amarga. Él no podía levantarse e irse, pues había aceptado la invitación y tenía que respetar la costumbre. Tampoco podía decir: "No me gusta la calabaza amarga." Se suponía que le gustaba igualmente todo tipo de comida. Así que pensó: "Como hay otros platos deliciosos, comeré primero la calabaza amarga. Una vez probada, puedo relajarme y disfrutar de los demás platos. No voy a comerme la calabaza amarga con la otra comida y a estropear su gusto." Por tanto, se comió primero la calabaza amarga.

La mujer de la casa observaba cómo comía el *sannyasin*, y tan pronto terminó la calabaza amarga, le sirvió otra gran ración de esa verdura. El *sannyasin* pensó: "!Oh, no!" Creo que hoy no es mi día." Con gran dificultad, acabó de comer el segundo plato. Se lamentó de haber ido a visitar aquella casa. De haber sabido que le habían preparado calabaza amarga, les habría dicho que ayunaba ese día, pero ya era demasiado tarde. El sufrimiento del *sannyasin* todavía no había llegado a su fin. La mujer, que estaba convencida de que le gustaba mucho la calabaza amarga, puso otra ración en su plato. ¡Podéis imaginar el estado del *sannyasin*! Maldijo su mala estrella y acabó como pudo su comida, jurándose mentalmente que no volvería nunca más a aquella casa.

La anfitriona llamó inmediatamente a la siguiente casa donde estaba invitado el *sannyasin* a cenar y a recibir su *bhiksha* (limosna), contándoles que le gustaba mucho la calabaza amarga. Les sugirió que le prepararan algún curry especial con la calabaza. Desde aquel día, la noticia se extendió por todas partes y allí donde iba le preparaban siempre calabaza amarga. Finalmente, estaba tan acostumbrado que empezó a gustarle aquella verdura, y hasta perdió la aversión que tenía al principio por ella.

De igual forma, si seguimos comiendo la calabaza amarga para contener la mente, irá creciendo nuestro gusto por esta práctica.

Fuerza espiritual

Hay, por lo general, tres aspectos de nuestro ser que determinan cómo nos relacionamos con el mundo, con otras personas y con las diferentes experiencias de la vida. Estos aspectos son el físico, el emocional (mental) e intelectual. También hay otro aspecto: el espiritual. Para la mayoría de nosotros, el aspecto espiritual se mantiene en un estado latente, pues la mayor parte del tiempo nos centramos en los tres primeros estados de nuestro ser.

Si nos centramos sólo en estos tres aspectos, nos veremos dominados por una montaña rusa de emociones y deseos. Ansiamos muchas cosas en el mundo y tenemos numerosas necesidades. Algunas de estas necesidades y deseos están más allá de nuestros medios y de nuestra capacidad, y nunca llegan a realizarse. Como resultado de esta carencia, nos sentimos decepcionados, frustrados y abatidos. Nuestra frustración puede incrementarse hasta que finalmente perdemos toda nuestra fuerza mental. Una persona mentalmente débil no será capaz de afrontar ni siquiera el más pequeño reto que se le presente en la vida. El más mínimo incidente será suficiente para que se sienta hundida. Amma dice: "Hasta la más pequeña hormiga podría hundir a una persona así."

Hace tiempo, un amigo mío se compró una casa nueva. A los pocos días se mudó allí y vio algunas hormigas en la cocina. Esto le afectó porque era una casa recién construida. Se preguntaba de dónde salían las hormigas. Para complicar aún más las cosas, cientos de hormigas aparecieron al poco tiempo por toda su cocina. Se sintió todavía más abatido. Fue a una tienda cercana a comprar un frasco de insecticida. Lamentablemente, no tenían más que un frasco y estaba algo dañado. Preguntó si le podrían hacer algún descuento ya que estaba dañado, pero el tendero no le descontó nada. El hombre empezó a discutir con el tendero, pidiéndole un descuento.

Ya se sentía bastante afectado por las hormigas de su cocina, y ahora su enfado aumentó todavía más por su discusión con el tendero. Continuaron discutiendo hasta que al final llegaron a las manos. Aquella discusión acabó en el juzgado, y todo por una tontería, ¡a causa de unas cuantas hormigas!

Amma dice que hace unos pocos cientos de años, la gente tenía unas mentes muy fuertes. No tenían problemas mentales. Conforme fueron pasando los años, la gente empezó a desarrollar su propio *karma*, y se fueron deteriorando sus valores poco a poco. De esa manera la gente se volvió más avariciosa y egoísta. Se volvieron mentalmente débiles por falta de disciplina y discernimiento. Dejaron de saber cómo afrontar las distintas situaciones de la vida. Sus mentes se volvieron tensas y agitadas, tuvieron que soportar mucho estrés. Hoy en día, innumerables personas son débiles mentalmente, e incluso neuróticas.

El único remedio, más que el tratamiento psiquiátrico, es el despertar espiritual. Este despertar equilibrará los aspectos físico, emocional e intelectual en nuestro interior, lo que nos permitirá vivir en armonía. En la presencia de una gran alma como Amma, es fácil despertar nuestro potencial espiritual. Una vez que se produce, nuestras mentes se vuelven más fuertes y sutiles, y somos capaces de observar nuestras vidas con una mayor claridad.

Me gustaría narrar un suceso de la vida de Amma, que muestra la clase de fuerza espiritual que tenía, incluso, cuando era una niña.

Como Amma se pasaba mucho tiempo lavando la ropa, limpiando, lavando a las vacas, llevando agua, etc., sus prendas estaban casi siempre mojadas. Un día, el vestido de Amma estaba completamente empapado, y se puso el vestido de su hermana.

Cuando la madre de Amma, Damayanti se enteró, se enfadó y riñó severamente a Amma. Le dijo: "¡No mereces llevar esa ropa! ¿Cómo te atreves a llevar ese vestido?" Tras estas palabras arrancó el vestido de las manos de Amma y se fue, haciendo que Amma se pusiera sus viejas prendas.

Podemos imaginar cuál hubiera sido nuestro estado mental, si nos hubiéramos encontrado en esa situación. Pero Amma no se sintió triste. Pensó: "Quizás Dios no quiere que yo lleve ese vestido. Por tanto, de aquí en adelante, no voy a llevar ningún traje nuevo a menos que Dios me lo ofrezca. Hasta entonces, sólo llevaré la ropa vieja que los demás no se quieran poner."

Desde aquel día en adelante, Amma sólo se puso la ropa que su familia dejaba de ponerse. Un día, Amma llevaba una vieja blusa usada, de diseño muy colorista, que a su hermano mayor no le gustaba. Su hermano la riñó, acusándola de llevar una blusa muy llamativa sólo para atraer la atención de los jóvenes.

Le ordenó que se la quitara y, después, la tiró al fuego delante de ella. Amma no se sintió enfadada ni abatida, pues pensó que debía aceptarlo como voluntad Divina. A partir de ese día, Amma sólo llevó ropa blanca.

A diferencia de las vidas de Buda, Krishna y Rama, que todos crecieron en un ambiente real o aristocrático, las condiciones de vida de Amma fueron miserables. Pero por su actitud de entrega a Dios, Amma no sucumbió a sus circunstancias. Ni tampoco se siente afectada por su estatus actual como una guía espiritual aclamada internacionalmente. Amma ha sido siempre un ejemplo perfecto de sencillez y humildad. Ella está siempre disponible y es muy accesible. Incluso ahora que ha sido reconocida mundialmente, no lleva ningún tipo de vida lujosa. Ella toma lo mínimo que necesita y da el máximo a los que necesitan su ayuda, sus consejos, sus bendiciones y su gracia.

Tres caminos para el despertar espiritual

Amma está completamente establecida en la divina conciencia. Dado que su potencial espiritual interno está totalmente despierto, nuestro despertar espiritual se da más fácilmente en su presencia. El toque de Amma, su mirada o su pensamiento puede hacer que despertemos espiritualmente. Pero por su mera voluntad, Amma puede despertar nuestro potencial espiritual. Las Escrituras se refieren precisamente a este fenómeno: un auténtico Maestro puede despertar espiritualmente a alguien por medio de su toque, su mirada o su pensamiento.

Interesadamente, la leyenda dice que este tipo de despertar equivale a la forma que tiene la gallina, el pez y la tortuga de encubar sus propios huevos. La gallina los encuba sentándose sobre ellos, y maduran gracias al calor que produce el toque constante del cuerpo de la gallina. De un modo similar, Amma puede despertar nuestro potencial espiritual mediante un simple toque. Al vivir constantemente en compañía de un Maestro el calor de la disciplina hace que, poco a poco, evolucione y se purifique la mente, consiguiendo que la concha del ego se quiebre y, de ese modo, pueda emerger el Ser.

Según la creencia tradicional india, un pez pone sus huevos y a continuación los mira intensamente. A causa de la intensidad de la mirada del pez, los huevos maduran. Cada simple mirada de Amma nos ayuda a despertar el potencial espiritual que tenemos dentro. Al igual que un capullo de loto se abre cuando los rayos de sol descienden sobre él, nuestros cerrados corazones se abren cuando la mirada de Amma se posa sobre nosotros.

La tortuga deposita sus huevos en la orilla y, entonces, vuelve al agua y piensa en los huevos. Según la leyenda, los huevos se incubarán por la intensidad de los pensamientos de la tortuga. Del mismo modo, Amma puede despertar nuestro potencial espiritual por medio de su *sankalpa* [resolución]. Igual que un aparato de control remoto, puede controlar muchas máquinas. Las ondas de pensamientos de Amma pueden controlar los sucesos de nuestra vida si nuestros corazones sintonizan con el de ella.

Sin que seamos conscientes de ello, Amma resuelve muchos de nuestros *prarabdha karmas* y tendencias innatas. Al igual que un cometa despega cuando hay una buena brisa y unas manos expertas controlan las cuerdas, nosotros podemos elevarnos en el cielo de la espiritualidad cuando nuestra práctica espiritual aumenta por las bendiciones y la gracia de una gran Maestra como Amma.

Los beneficios de alcanzar el Estado de Yoga

La capacidad para reconocer los efectos perjudiciales de una acción o de un hábito, pueden animarnos a superarlos. De igual modo, la capacidad para reconocer los efectos beneficiosos de una acción nos animarán a desarrollar el hábito de las acciones positivas. La meta más alta es alcanzar el estado de Yoga. El estado de Yoga es la unión última con Dios o la Verdad. Alcanzar ese estado supone muchos beneficios.

Quietud de la mente

La mente de una persona que ha alcanzado el estado de Yoga es tranquila, centrada y libre de vacilaciones. Esta tranquilidad no es el resultado de la realización de los deseos. Si lo fuera, la tranquilidad sería efímera, pues cuando un deseo se cumple, aparece otro. Si ese nuevo deseo no se cumple, se pierde la tranquilidad. La verdadera quietud es el resultado de una práctica constante de la meditación. Aquel que alcaza ese estado de Yoga es capaz de mantener la quietud mental, a pesar de sus actividades y responsabilidades. Mirad a Amma. Ella es la responsable de un gran número de instituciones y da consejos personales a millones de personas, sin tomarse un día de descanso. Cuando es necesario, hace gala de diferentes emociones, pero en el interior de su mente siempre hay quietud. Se puede comparar con las olas en la superficie del mar y la quietud que hay en el fondo marino. La quietud mental es una de las características del estado de Yoga.

Viendo al Ser en uno mismo

Los que están establecidos en el estado de Yoga ven al Ser en sí mismos. Nunca pierden la visión del Ser y también pueden ver al Ser en otros seres. En nuestro estado presente de conciencia, creemos que estamos separados del mundo y de la gente que nos rodea. Amamos a unas personas, nos disgustan otras, y no tenemos un sentimiento especial hacia los demás. Un Yogui (el que ha alcanzado el último estado de Yoga) es aquel que no considera a nadie diferente de él en esencia, que no tiene apego o aversión hacia nadie o hacia nada en particular, y que ve a todos por igual. Uno puede ser mala persona, estar siempre enfadado, ser un impaciente o un miserable. Todas estas diferencias se dan a nivel mental. El alma siempre es pura y no se diferencia de la de un sabio o un santo. La conciencia no se corrompe por alguna de nuestras cualidades o acciones.

Cuando digo que mi mente es clara o confusa, significa que hay algo apartado de mi mente que observa la condición de mi mente. Y, ¿cuál es ese testigo? Es el *Atman* o el Ser, que está más allá de la mente. Esta conciencia lo ve todo, pero no está afectada por nada. Porque mi mente esté confusa, no significa que mi conciencia se vuelva confusa. Es como una pantalla. Puedes proyectar una buena o mala película sobre la pantalla. ¿Se verá afectada la pantalla por eso? En absoluto. Pero sin una pantalla la película no puede ser vista. Por tanto, sin conciencia la mente no puede funcionar. La naturaleza de la mente no afecta a la conciencia, al igual que la película no afecta a la pantalla.

Esta pura conciencia sin limitaciones se denomina el Ser o *Atman*. Una vez establecidos en el Ser, el cual todo lo impregna, todo lo conoce y todo lo puede, sólo vemos al Ser en todas partes y en todos los seres. Entonces no necesitaremos nada para sentirnos contentos, pues el contentamiento está en nuestro propio Ser.

La experiencia de la dicha

Una persona establecida en Yoga experimenta infinito gozo. Todos estamos familiarizados con la felicidad y la infelicidad. La felicidad es un estado de la mente dependiente de los objetos, las circunstancias y otras personas. Cuando hay felicidad también se da, inevitablemente, la posibilidad de la infelicidad. Si somos felices cuando obtenemos algo, también seremos infelices cuando lo perdamos. Si nuestra felicidad depende del amor hacia una persona, podemos estar seguros de que nos sentiremos infelices cuando esa persona deje de amarnos. La dicha está más allá de cualquier dualidad. La dicha no tiene su correspondiente elemento de oposición. La dicha es la naturaleza del Ser. No depende de cualquier objeto o situación externa.

La felicidad y la infelicidad pertenecen a la mente, pero la dicha está más allá de la mente, procede del conocimiento de que "Yo soy de la naturaleza de la dicha."

A veces Amma puede estar riendo durante horas y, en otras ocasiones, puede llorar. Una vez vi a Amma llorar y le pregunté: "Amma, ¿por qué estás llorando? ¿Hay algo que te importuna? ¿Por qué estás triste?"

Amma respondió: "¿Quién te ha dicho que yo esté triste?" Ella sólo sentía dicha, una dicha expresada a través de sus lágrimas. Una persona establecida en el Ser gozará de dicha todo el tiempo, con independencia de lo que pueda estar haciendo.

yogarato vā bhogarato vā
sangarato vā sangavihīnah
yasya brahmani ramate cittaṁ
nandati nandati nandatyeva

Ya estés inmerso en yoga (unión espiritual), o en bhoga (disfrute externo), en soledad o acompañado, aquel cuya mente se revela en Brahman disfruta de la dicha.

— *Bhaja Govindam*, versículo 19

Permaneciendo en la absoluta realidad

Una persona establecida en Yoga permanece en la absoluta realidad. Según la filosofía vedántica, hay tres niveles de realidad. Son conocidos como realidad aparente (*pratibhasika satta*), realidad relativa (*vyavaharika satta*) y realidad absoluta (*paramartika satta*).

Si veo una cuerda en medio de la oscuridad y la confundo con una serpiente, eso es para mí una realidad aparente. Otra persona puede ver la misma cuerda y pensar que es una guirnalda, lo que también será para esa persona una realidad aparente. Esos puntos de vista personales que tienen que ver con la apariencia de los objetos, pero que realmente no se corresponden con los objetos en sí, se consideran como realidad aparente. Los sueños también se incluyen en esta misma categoría.

El ver una cuerda como cuerda se conoce como realidad relativa. Todos aquellos que no tengan una visión distorsionada están de acuerdo en considerarla una cuerda y no una serpiente. No temerán a la cuerda, ni saldrán corriendo, ni tampoco intentarán ponérsela a nadie como si se tratara de una guirnalda. Usarán la cuerda para atar algo. El mundo tal como lo percibimos, como la ciencia y la tecnología lo describe, se conoce como realidad relativa. Se le denomina así porque en su forma presente no se mantendrá siempre igual, pues está sometido a cambio. Todos los objetos relativos están sometidos a seis formas de cambios: nacimiento, crecimiento, existencia, transformación, decadencia y muerte. Todas nuestras relaciones mundanas, posición y riqueza pertenecen al reino de la realidad relativa.

La tercera realidad es la absoluta. La verdad que no está sometida a ningún cambio en el pasado, presente o futuro. El Ser o *Atman*, que impregna la Creación en su totalidad, es la única realidad absoluta. Estar establecido en la absoluta realidad significa "llegar a ser uno con el Ser."

Logro infinito

No hay nada comparable a la Auto-Realización. A este respecto, las Escrituras dicen: "Una vez alcanzado el Ser, no hay nada más que alcanzar." Por eso se le denomina "logro infinito." Los Maestros Auto-Realizados no desean nada, ya han logrado todo lo que se podría lograr. Para ellos no hay nada que obtener que sea considerado superior.

Mantenerse ecuánimes incluso ante el mayor de los sufrimientos

Una vez alcanzado el estado de Yoga, no nos sentiremos afectados por ninguna clase de sufrimiento. Todas las penas y sufrimientos pertenecen al mundo de la dualidad; es decir, pertenecen al cuerpo y a la mente. Una persona establecida en el Ser sabe claramente que es el puro Ser y no el cuerpo, la mente ni el intelecto. Una persona así va más allá de todos los pares de opuestos, ya sea dolor y placer, sufrimiento y felicidad, gustos o aversiones.

En la *Bhagavad Gita*, el Señor Krishna nos da una definición única de Yoga. Nos dice: "Dejar de vincularse con el sufrimiento es Yoga." La palabra Yoga deriva de la raíz "yuj." Tiene dos significados. Uno es "vincular o unir dos cosas." Así, cuando se unen dos cosas, eso es Yoga. El segundo significado se refiere a "controlar, dominar o detener." En el primer sentido, Yoga supone la unión de la mente y el Ser. En el segundo sentido, el control o cese de la asociación de la mente con el dolor y el sufrimiento.

Una mente no entrenada se asocia siempre, por naturaleza, con el dolor y el sufrimiento. Es muy raro que pensemos en lo felices o afortunados que somos. Hasta los multimillonarios tienen su propia cuota de preocupaciones y sufrimientos. Cuando sus mentes se fijan en las cosas negativas, olvidan que son multimillonarios. Hay muchas cosas buenas en la vida. Tenemos que entrenar consciente y deliberadamente a nuestra mente para que vea siempre el lado positivo de la vida. El que está establecido en Yoga no se identifica con el dolor o el sufrimiento.

El que está establecido en Yoga también puede trascender el dolor físico. Podemos ver a Amma dando continuamente *darshan* a un gran número de personas, con independencia del cansancio, del dolor u otros problemas físicos que sienta su cuerpo. Aunque casi todas las personas se acercan a los pies de Amma de rodillas, dejan caer todo el peso de su cuerpo en su regazo o golpean su mejilla con la cabeza, mientras le explican algunas de sus penas personales, Amma no deja de sonreírles abiertamente y de transmitirles unas palabras compasivas.

Igual que damos importancia a la comida, al dormir, a la familia, etc., también deberíamos dar igual importancia si no más, a nuestra práctica espiritual. Amma siempre dice que la meditación es como el oro. Aunque solo puedas meditar durante diez minutos, esa actividad tiene un gran valor. Ni un solo momento se malgasta cuando meditamos. Los que ya practican meditación pueden incrementar su duración, hacerla con más intensidad o con mayor determinación. Ese es el único medio para obtener fuerza mental y encaminarnos hacia la meta. Estamos comprometidos con muchas cosas en la vida que arrastran la mente hacia fuera. Para elevarla interiormente debemos hacer algún tipo de práctica espiritual como *japa*, meditación, escuchar o cantar *bhajans*, asistir a *satsangs* (charlas y debates espirituales) o leer libros espirituales. Todas estas prácticas pueden favorecer nuestra inspiración y ayudarnos a mantener un continuo recuerdo de Dios. Con un *Satgurú* como Amma, cualquiera de nosotros puede alcanzar el estado de Yoga. Que Amma nos bendiga y nos lleve a ese Supremo Estado.

Capítulo 11

El cumplimiento del deber

El deber mantiene la armonía

Los físicos modernos dicen que el universo se dirige hacia el caos siguiendo la ley de la entropía, mientras que las Escrituras hindúes dicen que hay una armonía preestablecida en el universo y que la evolución es un progreso hacia el orden universal y la armonía. Todos los seres vivos tienen un papel que desempeñar en el mantenimiento de esta armonía. Se aplican diferentes nombres para referirnos a ella, ya se le denomine logos, *dharma* o Tao. Los animales y las plantas no perturban esa armonía pues viven de acuerdo con sus instintos (naturaleza innata). Por otra parte, los seres humanos, con su libertad de elección, pueden contribuir a mantener o a perturbar esa armonía.

Un *Satgurú* como Amma trabaja para restaurar el *dharma* perdido y la armonía en el universo. Cualquier cosa que haga el *Satgurú* sólo contribuirá a la armonía en la Creación. Así, cualquier cosa que ellos hagan es correcta, aunque a nosotros no nos lo parezca.

Amma dice que cada uno de nosotros tiene un deber, dependiendo de nuestro papel en la sociedad. Si no cumplimos con nuestro deber adecuadamente, el resultado será el caos y la confusión. Si un doctor no cumple con su deber, los pacientes lo sufrirán. Si un policía no cumple con su tarea adecuadamente, se producirá mayor delincuencia. De forma parecida, si los miembros de una familia no cumplen bien con su papel, no habrá armonía en el seno familiar.

Amma nos da los siguientes ejemplos: Puede que seamos un matrimonio con hijos. Cuando cumplimos con nuestro deber familiar con amor y cariño hacia todos, y cada uno acepta su propia responsabilidad, nuestra música sigue el ritmo de la sinfonía del Universo. Entonces habrá armonía en la familia. Una familia es una pequeña unidad en esta Creación, de la que también forman parte millones de familias. Cuando todos los miembros familiares cumplen sus tareas con propiedad, se produce la armonía. Sucede igual con los políticos, hombres de negocios, trabajadores, militares o monjes. Cada persona tiene una parte única que interpretar en esta orquesta. Cuando todos cumplen con su deber, no se perturba la armonía de la Creación.

Con el fin de mantener el *dharma*, todos en la sociedad deberían tener esta actitud. Si un político ayuda y sirve sinceramente a las personas, contribuye a la armonía. Sucede igual con un hombre de negocios que no engañe a la gente y sólo obtenga beneficios razonables, o si un médico atiende a los pacientes con amor y simpatía. Todos, de hecho, están adorando a Dios aunque consideren que no estén haciendo nada que pueda ser etiquetado como espiritual o religioso. Pero cuando un político explota a la gente o cuando un médico cobra unas minutas excesivas, esto crea disonancia, va contra el *dharma*.

Amma nos dice que cuando desempeñamos nuestro papel de acuerdo con nuestro deber o *dharma*, estamos contribuyendo de forma natural a la armonía del universo. Cada ser individual es como un radio en la gran rueda de la Creación. Si uno de esos radios se rompe o queda dañado, afectará al movimiento de la rueda. Desde luego, nosotros podemos no sentirlo o no ser conscientes de ello, pues el universo es inmenso. No obstante, podemos sentir la disonancia en una pequeña unidad. Por ejemplo, si ponemos una pequeña cantidad de sal en un pequeño vaso de agua, la encontraremos salada. Si ponemos esa misma cantidad de sal en un gran contenedor de agua, no encontraremos el gusto de la sal. Eso no significa que no haya sal en el agua, lo que ocurre es que no somos capaces de percibirla.

Así, al cumplir con mi deber, contribuyo a la armonía y al bienestar del mundo. Pero si no lo hago, estoy causando disonancia, que es la causa del dolor y el sufrimiento en este mundo. Por tanto, cuando perturbamos la armonía, es como si fuéramos en contra de Dios. Y cuando contribuimos a la armonía, es como si estuviéramos adorando a Dios.

Tanto si nos gusta como si no, tenemos que desempeñar nuestras tareas y responsabilidades sin apego ni aversión. Esa es la parte difícil, y a menudo necesitamos la ayuda de un Gurú para conseguirlo.

Me gustaría explicar un suceso que tuvo como protagonista a un devoto occidental que vino al ashram. Este hombre tranquilo y amable sentía un profundo amor por Amma. En aquellos días, cuando se preveía algún *seva* en el ashram en el que Amma iba a participar, sonaba un timbre indicando que Amma estaba "a punto" y que todos podíamos unirnos a ella. No había un programa concreto para este tipo de *seva*. Cuando había una necesidad o una emergencia, Amma acudía y dirigía la tarea, mientras los demás nos uníamos felices a ella, ya fuera de día o de noche, ya hiciera sol o estuviera lloviendo. A muchos residentes les gustaba ayudar a Amma con el *seva* durante la noche porque cuando terminaba el trabajo, Amma solía preparar café y cacahuetes tostados, distribuyéndolos entre los residentes. Después, se reunía con todos nosotros y nos contaba historias, nos gastaba alguna broma y nos daba *darshan*.

Durante la primera noche que pasaba aquel occidental en el ashram, la campana de *seva* sonó a la una de la madrugada. No acudió a hacer *seva* y se sintió molesto por no poder dormir en paz a causa del ruido de la campana y de todo el ajetreo de la gente. A la mañana siguiente apareció con una cara larga, y así estuvo durante todo el *darshan* de Amma. Se quejó a Amma de lo difícil que era conciliar el sueño si suena la campana y la gente está pendiente de levantarse en medio de la noche. Desde aquel día, se puso a dormir con tapones en los oídos.

A los pocos días de ver cómo todos hacían *seva*, él también quiso ayudar de algún modo. Por tanto, optó por hacer un *seva* regular. Se le asignó una tarea en la cocina, la zona más ruidosa del ashram. A este hombre, que prefería que todo estuviera tranquilo día y noche, no le gustó mucho la idea de trabajar en ese lugar tan ruidoso, pero estaba dispuesto a complacer a Amma haciendo ese servicio. Por tanto, se presentó para cumplir con su obligación. Durante los primeros días, le resultó muy difícil soportar el ruido y la multitud. Más tarde, empezó a despreocuparse por el silencio externo y llegó a no importarle. Al final, llegó a decir en broma que si no había algún ruido por la noche, ¡no podía dormir! Su amor por Amma y su interés por cumplir con su deber, le ayudaron a superar sus gustos y aversiones. Por vez primera empezó a saborear el silencio interior, que no se ve afectado por ruidos externos. Previamente no podía dormir si oía algún ruido. Ahora podía dormir tranquilamente en medio del ruido, como si estuviera en una silenciosa cueva del Himalaya.

Por tanto, el cumplimiento del deber es muy importante. Esa es la razón por la que el Gurú nos asigna determinadas tareas. Un médico que esté acostumbrado a trabajar en un ambiente esterilizado y limpio, cuando está en el ashram tal vez se le pida que trabaje en el establo. Al principio, puede que no le guste, pero con el tiempo su aversión irá disminuyendo y empezará a gustarle esa tarea. Entonces, Amma lo podrá destinar a trabajar en el hospital. De esa manera, será capaz de ver con simpatía y aprecio a los pacientes pobres, sucios o harapientos. Esa formación no suele darse en ninguna facultad de medicina.

A uno de los *brahmacharis* se le pidió que cuidara del establo cuando ingresó en el ashram. Era una persona con un excelente expediente académico. Se quejó ante Amma diciendo que el había venido al ashram para hacer práctica espiritual y aprender las Escrituras. También dijo que no estaba allí para perder el tiempo cuidando de las vacas.

Al cabo de un mes aproximadamente, visitó el ashram un gran erudito. Algunos le pedimos que nos diera algunas clases sobre el *Srimad Bhagavatam*. Un día, mientras narraba un episodio, habló sobre cómo servir a las vacas, que eran entre todos los animales las favoritas del Señor Krishna. El episodio decía que cuidar a una vaca es un *seva* sagrado equivalente a servir al Señor mismo. En la tradición hindú, la vaca está considerada un animal sagrado. Aquel que rechace la oportunidad de servir a las vacas está desaprovechando una maravillosa oportunidad para obtener la gracia del Señor. El *brahmachari* que había rechazado cuidar del establo estaba escuchando el episodio, se dio cuenta de su error y le dijo a Amma que le gustaría mucho hacer ese *seva*.

No obstante, en ese momento Amma tenía otros planes para ese *brahmachari*. Le pidió que hiciera *seva* en la cocina. Tampoco le gustaba ese *seva*; pero sintiéndose arrepentido, al final, empezó a limpiar los baños y aseos para enmendar su recalcitrante comportamiento inicial.

No importa lo que podamos sentir respecto a la tarea que nos den, lo que tenemos que hacer es realizarla. No busquemos alguna excusa para no cumplir con nuestra responsabilidad. El que nos guste o no depende de nuestras preferencias, pero si la hacemos considerándola como nuestro deber, poco a poco iremos venciendo nuestros gustos y aversiones. Por eso Amma nos da a veces un trabajo que no nos gusta hacer. De alguna manera, tarde o temprano, tendremos que vencer nuestros gustos y aversiones. Si nos adherimos a ellos, siempre tendremos perturbaciones en nuestra mente. Esas alteraciones son perjudiciales para un buscador espiritual pues el alboroto interior interfiere en nuestra meditación y concentración. Para una persona corriente, las perturbaciones de la mente puede que no sean un problema, pues esta persona no está haciendo ninguna práctica espiritual. Es posible que esa persona ni siquiera sea consciente de las perturbaciones que tiene en su mente, salvo que desarrolle algún trastorno psicológico.

El mundo nunca se ajustará a nuestros intereses. Tenemos que aprender a disfrutar del mundo tal como es, y sólo entonces sentiremos paz mental. De otro modo, por muy ricos y poderosos que seamos, seguiremos teniendo razones para estar tristes, tensos y agitados. El propósito básico de la meditación y otras prácticas espirituales es conseguir que superemos toda la negatividad y agitación mental y experimentemos la paz interior. Aquello que Amma nos pida que hagamos será solo para ayudarnos a vencer nuestra negatividad, y así poder sentir alegría y paz en nuestro interior.

El poder de los hábitos

Muchos de nosotros nos sentimos inclinados a cultivar buenos hábitos en presencia de Amma, gracias a su ejemplo. Hasta un niño lo puede sentir. Lo triste es que la mayoría no somos capaces de mantener la inspiración que nos transmite con su ejemplo. Nada más alejarnos de la presencia física de Amma, tendemos a volver a nuestro viejo modo de vida, pues nos parece difícil desarrollar buenos hábitos y fácil recoger los malos. De forma recíproca, resulta muy fácil desprenderse de los buenos hábitos y muy difícil de los malos. Por tanto tenemos que practicar deliberadamente el cambio de nuestros hábitos hasta que esa costumbre se convierta en algo espontáneo y natural, logrando que las buenas cualidades se conviertan en un hábito. Una vez adquirido un buen hábito e integrado en nuestro carácter a través de una práctica en la que hemos puesto mucho empeño, nos resulta muy difícil abandonarlo.

La importancia de desarrollar buenos hábitos puede ser comprendida por el modo en que afecta a nuestra mente. Todas nuestras prácticas espirituales se hacen con el fin de calmar nuestra mente y alcanzar el Auto-conocimiento. Igual que la luna se refleja en las calmadas aguas de un lago, el Ser se revela cuando la mente está calmada y en silencio. Por eso se le da tanta importancia a la pureza mental. Una vez desarrollados buenos hábitos, nos sentiremos mal si no somos capaces de practicarlos.

Amma nos dice que el cultivo de la bondad y de todos los hábitos positivos es muy importante, pues los hábitos negativos —la impaciencia, los celos, la crítica y el encontrar faltas en los demás— nos impiden experimentar paz mental.

La mente recoge los hábitos, especialmente aquellos que son negativos e innecesarios, y los adapta a sus intereses. No es posible cambiar todos esos hábitos en uno o dos años. El poder de nuestros hábitos es tan fuerte que se requiere un gran esfuerzo para situar la mente en la vía correcta.

Amma nos suele contar una historia que ejemplifica lo poderosos que son nuestros hábitos. Había un pobre hombre que fue a visitar a un *sannyasin* y le dijo: "Vivo en la miseria. Te pido, por favor, que me ayudes a ser rico." El *sannyasin* lo bendijo y le indicó una playa en la que podía encontrar piedras preciosas. "Puedes venderlas y conseguir mucho dinero," le dijo el *sannyasin*. "El problema está en que resulta difícil diferenciar una piedra preciosa de una piedra normal. Todas se parecen y están esparcidas a lo largo de toda la playa. Así que tienes que estar muy atento. Si sostienes una de esas piedras preciosas en tu mano, sentirás el calor de la piedra. Sólo de ese modo estarás seguro de que se trata de una piedra preciosa."

Aquel pobre hombre fue de inmediato a la playa y se puso a trabajar. Fue levantando una piedra tras otra y las fue comprobando. Después pensó que si las ponía de nuevo en la playa, se mezclarían con las demás y no habría forma de saber qué piedras había valorado ya. Así, tras recoger cada piedra, las lanzaría al mar una vez comprobado que no producían calor.

Día tras día fue buscando a lo largo de la playa. Pasaron muchos días hasta que, al final, recogió una piedra y sintió su calor. Se llenó de alegría por haber encontrado, al menos, una piedra preciosa. Sin embargo, tras sentir el calor de la piedra, ¡la lanzó al mar a causa de su hábito!

Esta historia nos muestra cómo nos dejamos dominar por nuestros hábitos. Por ese motivo nos dice Amma que debemos desarrollar hábitos positivos. Al hacerlo, reducimos la fuerza de nuestros hábitos negativos. Cuando un hábito pierde su fuerza es fácil dominarlo y eliminarlo. Al principio, es posible que no nos guste el nuevo hábito y tengamos que hacer un esfuerzo extra, pero no debemos abandonar ese esfuerzo. Y una vez empecemos a ponerlo en práctica, con independencia de que nos guste o no, esa práctica en sí misma nos dará fuerza. Por eso Amma dice: "Intenta recitar tu *mantra*, lee libros espirituales, medita, escucha *bhajans* y participa en *satsangs*." La práctica espiritual no significa solo meditación, también tenemos otras posibilidades. Esas actividades nos ayudan a desarrollar buenas cualidades y a centrarnos continuamente en Dios.

Puede que esté haciendo algo que no me sea muy útil, pero lo sigo haciendo porque se ha convertido en un hábito. Antes de que la gente supiera que el fumar causaba cáncer, se daba con más frecuencia el hábito de fumar. Ahora los paquetes de tabaco advierten: "El fumar perjudica la salud." Por este motivo, mucha gente ha dejado el tabaco. Hasta la gente que solía fumarse varios paquetes al día han sido capaces de dejarlo porque ahora son conscientes del peligro de fumar.

En el mismo sentido, cuando nos damos cuenta del daño o la inutilidad de algo que estamos haciendo, intentamos conseguir la fuerza necesaria para dejarlo y cambiar nuestro comportamiento.

Siete votos por semana

Asumir un compromiso es un reto vital. Un reto a nuestra inercia, vagancia y dilación. Un voto o compromiso es como una brida para el indómito y salvaje caballo de nuestra mente. Si mantenemos al caballo bajo control, resultará agradable cabalgar, pero también nos llevará a nuestro destino mucho más rápido que caminando. Por otro lado, si nos montamos en un caballo salvaje sin bridas, la cabalgada será espantosa y, lo más probable, es que nos caigamos, nos hagamos daño o nos cause incluso la muerte.

Recuerdo una frase popular que dice: "Sembramos un pensamiento y cosechamos una acción; sembramos una acción y cosechamos un hábito; sembramos un hábito y cosechamos un carácter." Cualquier rutina que se repite durante un tiempo se vuelve un hábito. Los hábitos forman nuestro carácter o forma de ser. El carácter de una persona es la pieza clave de su éxito en la vida. Sin embargo, todos sabemos que es imposible desarrollar todas las buenas cualidades de la noche a la mañana. La única opción práctica es la de desarrollar unas pocas cualidades buenas cada vez con más frecuencia, de forma que se conviertan en nuestra segunda naturaleza. Así como el baño diario mantiene el cuerpo limpio y saludable, los votos nos ayudan a mantener nuestra mente limpia de la suciedad de los celos, el odio, la ira, la impaciencia, etc.

Ofrecido como el abecedario de la vida espiritual, se presentan siete votos o compromisos que están basados en las enseñanzas de

Amma y que pueden ser practicados uno cada día de la semana. El orden de su práctica no importa, basta con seleccionar un día de la semana para cada voto. Como la leche pura colocada en una vasija sucia se vuelve agria, la Gracia de Dios, cuando desciende a una mente impura, no puede ser aprovechada. Estos votos nos ayudan a purificar nuestra mente y también a controlarla. Una ventaja de estos votos es que los beneficios de su observancia pueden sentirse sin tener que esperar mucho tiempo. Adopta la firme decisión de cumplir un voto al día. Si, por casualidad, no se pudiera cumplir en ese día, procura hacerlo el mismo día de la siguiente semana. Amma dice: "La práctica de buenas cualidades también forma parte de la adoración. La espiritualidad sin práctica es como intentar residir en los planos de una vivienda."

Voto para el primer día:

Disminuir la ira. Todos sabemos que la ira es perjudicial. Y, sin embargo, ¿cuántos de nosotros podríamos mantener el voto de "Nunca volveré a enfadarme a lo largo de mi vida"? Eso puede resultar muy difícil. Para empezar es más fácil adoptar un día a la semana la firme decisión de controlar nuestra ira y la tendencia a acusar o a hablar mal de los otros. Al menos, durante ese día, crearemos un maravilloso ambiente en nuestro hogar y lugar de trabajo.

Voto para el segundo día:

Añade una sonrisa. No tardaremos en recibir respuestas agradables de los demás si decidimos decir con una sonrisa lo que tengamos que decir. Basta con empezar un día a la semana. Aunque la situación nos impulse a gritar o a regañar, podemos hacerlo ese día con una sonrisa. De ahí en adelante, veremos qué mundo más diferente se origina a nuestro alrededor. Se necesita coordinar un mayor número de músculos faciales para fruncir el entrecejo que para sonreír. Para sonreír nos basta con la ayuda de unos pocos músculos. Además, ¡una sonrisa también incrementa el valor de nuestro rostro!

Voto para el tercer día:

Haz alguna práctica espiritual concreta. Amma asegura que en cualquier hogar en el que se reciten los 1.000 Nombres de Devi (la Diosa) con devoción, la Madre Divina siempre proveerá con el alimento y la vestimenta necesaria. Un principiante que encuentre muy difícil recitar a diario los 1.000 Nombres en sánscrito, puede intentar dedicar al menos una hora los fines de semana a recordar a Dios: recitando, practicando el *mantra*, haciendo *japa*, celebrando una *puja*, meditando o cantando *bhajans*.

Voto para el cuarto día:

No ceder ante un mal hábito. A un fumador habitual o a alguien adicto a las drogas o al alcohol le puede resultar difícil abandonar el mal hábito completamente, a pesar de sus esfuerzos. Como un homenaje al Gurú, intentad absteneros de un mal hábito, por ejemplo, los jueves, ya que se consideran los jueves como el día del Gurú. Poco a poco, a medida que controlas más y más la mente, te será más fácil deshacerte de un mal hábito profundamente arraigado. Aunque puedas estar libre de hábitos adictivos, como el fumar, beber o tomar drogas, puedes entrenar la mente para abstenerte un solo día a la semana de algo a lo que te sientas apegado. Esos apegos pueden ser respecto a una comida favorita o a un programa de televisión. Amma nos dice que la espiritualidad es la habilidad para detener el fluido mental en cualquier momento, a voluntad, como apretar los frenos de un nuevo coche bien fabricado.

Voto para el quinto día:

Reducir la comida. Cuando descansas físicamente, permites que tu cuerpo descanse. Sin embargo, el estómago continua trabajando pues tiene que digerir la comida que has tomado. Si una vez a la semana tomas una sola comida, darás un descanso a tu sistema digestivo, lo que beneficiará tu salud. Durante ese día, deberías tomar suficiente agua. Las personas enfermas a las que los médicos les recomiendan que no ayunen, no tienen que cumplir este voto. Podrían mantener, no obstante, otro tipo de austeridad.

Voto para el sexto día:

Ayudar. Hay muchas maneras de realizar un servicio desinteresado. Si prestas atención, siempre encontrarás una oportunidad de servir a los demás. Si eres incapaz de encontrar un medio de servir a los otros directamente, puedes dar una parte de tus ingresos a alguna de las numerosas organizaciones involucradas en tareas humanitarias. La mejor forma de hacer un servicio desinteresado (incluyendo al beneficiario) es por medio del anonimato, sin que se sepa quién está dando la ayuda.

Voto para el séptimo día:

Observar silencio. Como puede ser difícil mantener un voto de absoluto silencio durante todo un día, puedes empezar practicando durante una hora, empezando a primera hora de la mañana, nada más despertar. La siguiente semana puedes incrementar el tiempo hasta dos horas o más, y así hasta completar todo un día. Si tus responsabilidades no te permiten mantenerte en silencio durante todo el día, entonces habla solo cuando sea realmente necesario. No te dediques a chismorrear ni participes en conversaciones sin sentido. Amma dice que al hablar en exceso aumentamos nuestra alteración mental, derrochamos energía y ahogamos la voz sutil de Dios en nuestro interior. Cuando observamos silencio, aunque los pensamientos continúen apareciendo, mantenemos la energía que nos ayudará a concentrar nuestra mente en Dios. Amma dice que los pensamientos pueden compararse con la ondas de la superficie de un vaso de agua. Aunque la superficie se mueve, el agua no se pierde. Pero cuando hablamos, es como el agua que se desborda o se derrama.

Una vez al mes, reflexiona sobre el progreso que estás haciendo y el progreso que te gustaría hacer. Observa si es el momento para ajustar o cambiar alguno de los votos. Amma dice que cada aspirante espiritual necesita desarrollar paciencia, optimismo y una fe entusiasta. Anímate y sigue esforzándote.

Todo lo que Amma pide es que entreguemos nuestros hábitos negativos y defectos a sus Pies de Loto, y adoptemos, en cambio, alguna de las innumerables cualidades divinas de Amma como *prasad* (regalo) de ella. Estos votos son la lámpara que iluminará el camino durante el viaje a través del oscuro bosque de la ignorancia, además de evitar que otros anden perdidos. Se puede seguir, al menos, uno de estos votos sin mucha dificultad.

Si somos capaces de desarrollar un buen hábito, aunque solo sea uno, los demás hábitos buenos seguirán su rumbo. Si una hormiga va hacia un lugar, las otras hormigas la seguirán. De igual modo, un buen hábito es suficiente para hacer que los demás hábitos lo sigan.

Hay un versículo en la Bhagavad Gita en el que el Señor Krishna dice que ningún esfuerzo realizado en el camino espiritual resulta vano, ni puede causarnos daño alguno. Hasta una pequeña porción de este *dharma*, en el desarrollo de buenos valores y hábitos, nos resultará beneficioso.

Dedicar nuestras acciones al Gurú o a Dios

Si somos capaces de crear una firme convicción de que nuestro Gurú es uno con Dios, y que cualquier cosa que nos aconseje es solo por nuestro bien, seremos capaces de generar amor y dedicación hacia nuestro Gurú. Gradualmente querremos dedicarle todas nuestras acciones a él. Esa es la mejor forma de rendirle culto a Amma. No necesitamos preguntarle si podemos realizar una acción negativa y dedicársela a Amma. Si la amamos tanto, querremos dedicarle todas nuestras acciones a ella, por lo que nos resultará difícil realizar alguna acción perjudicial.

Es evidente que sucede lo mismo cuando dedicamos nuestras acciones a Dios. Al dedicar nuestras acciones al Gurú o a Dios, podemos empezar a reducir nuestras acciones negativas y, finalmente, eliminarlas por completo. Dedicando con amor nuestras actividades diarias a Amma o a Dios, purificamos todas nuestras acciones.

Aunque no seamos capaces de dedicar todas nuestras acciones a Dios, obtendremos méritos si cumplimos sinceramente con nuestro deber. Así lo declaran las Escrituras.

El papel del Mahatma en restaurar la armonía

Todos los seres vivos tienen un sistema inmunológico, que evita la entrada y la permanencia de objetos extraños en el cuerpo. Por ejemplo, si un insecto o una brizna de polvo entra en un ojo, fluyen rápidamente las lágrimas y desplazan al objeto extraño hacia un lateral del ojo. Si algún producto irrita nuestras fosas nasales, como polen o pimienta, estornudamos inmediatamente. Cuando los gérmenes invaden el cuerpo, el sistema inmunológico lucha para eliminarlos. Los *Mahatmas* como Amma son el "sistema inmunológico" de la humanidad, protegiendo al planeta de las infecciones, de lo que no es correcto, de la delincuencia, la violencia, la ira y el odio. Amma dice que los *Mahatmas* son como los pilares de un edificio. Esos pilares son los que sostienen realmente al edificio. De igual forma, los *Mahatmas* con su amor incondicional, compasión y puras vibraciones sostienen la Creación de muchas maneras.

La mayoría de los dioses y diosas de la mitología hindú aparecen portando diferentes armas. Por esa causa muchos occidentales piensan que esas deidades representan el despotismo y, a menudo, las fuerzas demoníacas. Creen que si la gente las adora es por temor o ignorancia. Eso no es cierto. Las armas son a menudo simbólicas. Por ejemplo, la espada de Kali simboliza el poder del discernimiento y el tridente representa las tres cualidades básicas: serenidad, actividad y descanso. Estas armas se utilizan para destruir la falta de rectitud. *Avatares* como Rama y Krishna siempre intentaron transformar a los malvados a través de la razón, la diplomacia y la caridad. Cuando no lo conseguían por estos tres medios, utilizaron la única forma que les quedaba: castigar o matar al malhechor. Era su deber hacerlo como responsables de mantener el *dharma* en la nación.

Así como Rama y Krishna mataron a los malhechores que no rechazaban reformarse de otro modo, Amma está matando las malvadas cualidades que tenemos. Está limpiando nuestra mente y, así, va cambiando nuestro comportamiento.

El propósito de todos los *Avatares* es el de restaurar la armonía del mundo. Los métodos que utilizan para cumplir este objetivo difieren según las costumbres, los sistemas y las circunstancias que prevalecen en cada época. Si nos entra una mota en el ojo, no servirá de nada estornudar. Y si es un mosquito el que nos entra por la nariz, tampoco nos ayudará mucho ponernos a llorar. En función de la situación de cada momento, los *Avatares* y *Mahatmas* adoptarán diferentes medios y métodos para reestablecer el *dharma*.

El arma de Amma

El arma de Rama era un arco con unas flechas. El arma de Krishna era un disco. Amma suele usar el arma del Amor. Desde luego, Rama y Krishna también eran la encarnación del amor supremo, pero como Rama era un rey y Krishna era un consejero y amigo de reyes, su *dharma* era tomar las armas contra las fuerzas *adhármicas.* Sin embargo, puesto que Amma ha venido al mundo como Madre Universal, su principal arma es el Amor.

Con infinito amor y paciencia, Amma se sienta con nosotros durante horas, escucha nuestros problemas, nos consuela y nos da la fuerza que necesitamos para afrontar nuestros retos. Es el poder del amor el que hace que mucha gente quiera unirse a la armada del servicio desinteresado de Amma. El poder del amor trasciende nacionalidad, religión, lenguaje y cultura. Lo trasciende todo. El amor de Amma nos ayuda a transformar y eliminar nuestra negatividad.

Todos tenemos amor al poder, pero no tenemos el poder del amor. Nuestro amor es egoísta. El amor de Amma está más allá de cualquier clase de amor terrenal. Es el poder del amor de Amma lo que nos hace olvidar nuestras preocupaciones. Amma desciende a nuestro nivel, canta con nosotros, danza con nosotros, se divierte y derrama lágrimas con nosotros a fin de ayudarnos a armonizarnos con ella y elevarnos a su nivel.

Durante unos pocos años estuvo en el ashram una persona algo alocada. Nadie quería hablar con ella porque lo que decía no tenía mucho sentido. Pero cuando venía al *darshan*, Amma le dedicaba un poco más de tiempo, preguntándole: "¿Te sientes feliz, hijo mío?" "Has tenido suficiente comida?" Un día, le preguntó: "¿Por qué estás tan triste?"

Él respondió: "No solo estoy triste, también estoy enfadado contigo porque la última vez no me prestaste mucha atención." Si nosotros hubiéramos estado en la posición de Amma, lo hubiéramos dejado de lado. Pero Amma dedicó casi diez minutos explicándole cuánto lo apreciaba y, si aquel día no había estado más tiempo con él, se debía a la gran cantidad de gente que esperaba. Tras escuchar las palabras de Amma, se sintió bien feliz.

En los primeros tiempos del ashram, había muchos ateos y agitadores que importunaban y criticaban a Amma. Al ser la encarnación misma de la paciencia y el amor, ella soportó este maltrato sin sentirse en absoluto alterada y sin reaccionar. No obstante, cuando los incrédulos acosaban a alguno de sus devotos, ella se sentía profundamente involucrada. Amma explica su propia naturaleza mediante una comparación: "Si se golpea la base de un árbol, no importa, pero si se golpea una tierna rama, eso afectará a todo el árbol."

Recuerdo un momento particular cuando Amma estaba dando *darshan* en *Krishna bhava*. Como suele ser habitual, se reflejaba en su rostro una sonrisa agradable y encantadora, y los devotos se sentían inmersos en el gozo de su divina presencia. En aquel momento un devoto entró en el templo completamente aturdido. Había sido hostigado y amenazado por algunos ateos de la zona. Profundamente molesto y agitado, cayó a los pies de Amma, sollozando incontroladamente. Le pidió a Amma que buscara algún remedio a aquella situación. De pronto, la expresión de Amma cambió y se mostró extremadamente feroz. Sus ojos parecían como dos bolas de fuego, emitiendo llamas de rabia por todas partes.

Juntó sus dedos formando el *mudra* de Devi. Era la primera vez que Amma asumía el aspecto feroz de la Divinidad. Sólo después del recitado de varios *mantras*, volvió a estar en calma. Amma nos explicó más tarde: "Al ver la congoja de ese devoto, sentí como si destruyera a todos los injustos que persisten en acosar a los devotos. De forma espontánea, se manifestó el aspecto feroz de la Divina Madre para dar refugio al perseguido."

Capítulo 12

El poder del amor

El amor sólo da

Hay muchas clases de fuerza, pero la mayoría tienen un radio de acción determinado. Hay actividades en las que se necesita el poder de la musculatura; por ejemplo, para levantar objetos pesados o correr un maratón. No obstante, el valor de esa fuerza es limitado. Así la fuerza física de una persona no tienen ningún valor cuando se trata de calmar a un niño que llora. El poder del dinero también es limitado. Si te sientes desconsolado porque se ha muerto la persona que amabas, ninguna cantidad de dinero podrá eliminar tu dolor. El poder político también tiene sus limitaciones.

Sin embargo, nadie ha descubierto todavía los límites de la fuerza del amor. El amor es el puente que une la humanidad con la divinidad. Todos sabemos que Dios es ilimitado y todo poderoso. Y sabemos que Dios es amor. Por tanto, el poder del amor también debe ser ilimitado. El amor se expresa cuando se da. El amor nunca toma nada. El amor siempre está dispuesto a dar.

El amor transforma

Amma siempre dice que el amor es el fundamento de la vida. Donde hay amor auténtico, habrá pocos problemas y donde hay menos amor, aparecerán más problemas. Todos ellos pueden resolverse a través del amor.

Podemos pensar que esta visión es propia de una madre amorosa y no se suele dar en la vida diaria. Si el amor puede resolver todos los problemas, ¿por qué se produce tanto derramamiento de sangre y violencia en esta maravillosa tierra?

Solemos recurrir a la fuerza y a la violencia para conseguir nuestros objetivos porque no tenemos suficiente paciencia, entendimiento ni perseverancia. Si nos armamos de puro amor y lo expresamos en todos nuestros pensamientos, palabras y acciones, entonces conseguiremos borrar de la faz de esta tierra todos los conflictos bélicos y la violencia.

En su discurso durante la Cumbre por la Paz Mundial de las Naciones Unidas, con motivo de celebrarse un nuevo milenio, Amma dijo: "Lo que no se puede obtener por la fuerza, la violencia y la guerra, puede conseguirse con amor."

Amma, con su amor, constituye el mejor ejemplo de lo que se afirma en esa frase. Aunque fue tratada duramente por muchos de sus vecinos durante su infancia y juventud, nunca reaccionó a sus crueldades con odio o resentimiento. Igual que un árbol ofrece sus frutos aunque le tiren piedras, Amma respondía a la hostilidad y al odio de los aldeanos con sus generosos proyectos caritativos que cada vez van más en aumento.

Cuando Amma volvió a su hogar después de la Cumbre en las Naciones Unidas, recibió una emotiva recepción por parte de aquellos mismos aldeanos que se habían mostrado hostiles hacia ella durante muchos años. Las mismas manos que una vez le tiraron piedras a Amma y cometieron muchos actos malvados contra el ashram, ahora le ofrecían pétalos a su paso. Las mismas lenguas que una vez la insultaron e intentaron desacreditarla, ahora recitaban el *mantra*: "Om Amriteswaryai Namaha," que significa: "Alabamos a la Divina Madre Amritanandamayi."

Amma tardó casi cinco horas en hacer un recorrido de ocho millas por la carretera que lleva al ashram, pues había mucha gente congregada a lo largo del camino. Todas las familias encendieron lámparas de aceite delante de sus casas como una señal de respeto y reverencia, y esperaron en sus portales durante horas para recibir una mirada de Amma cuando pasara por allí. Nada más llegar al ashram, empezó a llover con fuerza, parecía como si la misma Madre Naturaleza estuviera derramando lágrimas de gozo al ver el gran cambio de actitud de los aldeanos. Este es el milagro del amor. La vida de Amma es una interminable serie de ese tipo de milagros.

Amma rompe una regla del ashram

Para llegar a *sannyasin* yo tenía dos obstáculos, uno era el apego que tenía hacia mis padres y otro mi apetencia por el yogur y la leche entera. Estaba muy apegado a mis padres. Nunca pensé que podría dejarlos para irme a un ashram. También solía tomar yogur o leche entera cada día con la comida y no podía imaginarme la comida diaria del ashram sin alguno de esos productos. En aquel tiempo, no se servía yogur y leche entera en el ashram. Y mucho menos para los *brahmacharis*. Tomar yogurt cada día no se considera apropiado para mantener el celibato. Tampoco se consumía en la zona donde está enclavado el ashram.

No obstante, en mi caso, cuando Amma me preguntó si deseaba permanecer en el ashram como *brahmachari*, le dije: "Me parece bien si puedo seguir tomando yogur y leche entera como hacía en mi casa."

Amma dijo: "Eso no será ningún problema." Después dio algunas instrucciones para que suministraran yogur para mí. El amor de Amma puede romper una norma o costumbre para salvar una alma. Ella sabía muy bien que si me quedaba fuera del ambiente protector del ashram, había muchas más posibilidades de que me dejara atrapar por la ilusión de los placeres sensoriales.

Mi madre le escribió una carta ofensiva a Amma en la que la llamaba pescadora. Eso me molestó mucho. Dado que había sentido el amor desinteresado de Amma y su gloria espiritual, no podía permitir que se criticara u ofendiera a Amma. Por tanto, decidí no visitar a mis padres hasta que se disculparan o escribieran algo bondadoso sobre Amma.

No lo hicieron. En su lugar, pagaron a un sacerdote para que realizara un rito tántrico[8] que me hiciera cambiar de opinión, abandonara el ashram y volviera a casa. También me enviaron un talismán para que me lo colgara en el cuello. El talismán había sido cargado de energía por medio del recitado de algunos poderosos mantras. Me lo enviaron a través de unos parientes que dijeron que no abandonarían el ashram hasta que me lo pusiera. Al final, le expliqué a Amma esta cuestión y me dijo: "Aunque es bastante poderoso para conseguir que te alteres e inquietes, no te preocupes. Póntelo y Amma ya te protegerá para que no te afecte." Ella quería que lo llevara solo para contentar a mis padres, por tanto me lo até al cuello. Aunque mis padres eran totalmente contrarios a Amma, ella les tenía un gran amor y nunca desaprovechó ninguna oportunidad para complacerlos.

Mis padres esperaban que cambiara mi decisión y volviera a casa pronto, pues el sacerdote que había realizado el ritual tántrico para hacerme cambiar de opinión era muy famoso, dada su experiencia en estos casos. Ellos se sorprendieron al ver que no se producía ningún cambio en mi actitud, se dieron cuenta de que Amma debía ser una persona mucho más poderosa de lo que habían pensado, dado que los rituales y conjuros del sacerdote no causaron ningún efecto.

Con el paso del tiempo, se convencieron a través de muchos incidentes de que Amma es una con la Divina Madre, a quien ellos adoraban cada día. Eso causó una gran transformación en sus vidas y, al final, se convirtieron en devotos de Amma.

---

[8] Tantra es un sistema de adoración para obtener las bendiciones de un alto poder. Se pone más énfasis en los mudras que en los mantras.

No cantidad, sino calidad

Hace muchos años, una devota de Tamil Nadu vino a ver a Amma por vez primera. Como yo hablaba la lengua tamil, hice de intérprete. Ella estaba profundamente impresionada por el amor de Amma y su energía espiritual, y antes de regresar a casa hizo entrega de un importante donativo al ashram. En aquel momento atravesábamos una situación difícil, por tanto aquello era realmente una bendición, una fortuna para el ashram.

Un mes más tarde, volvió a visitar el ashram. Cuando llegó, Amma había acabado de dar *darshan* y se había retirado a su habitación. Cuando vi a la mujer fui corriendo a la habitación de Amma pensando: "Amma se sentirá muy impresionada y bajará rápidamente a hablar con esta señora, pues la última vez que visitó el ashram había dejado un importante donativo." Di unos golpes en la puerta de Amma y se abrió. Amma estaba leyendo cartas de algunos devotos. Me preguntó: "¿Qué sucede?" Por la expresión de su rostro, sabía que no le agradaba mi visita en ese momento. No sabía si decir algo, pero al final me decidí y le dije: "Esa señora de Tamil Nadu que hizo una buena donación el mes pasado ha venido."

Amma preguntó: "¿Qué debería hacer?"

No sabía que decirle. Murmuré unas pocas palabras y volví a mi habitación. Ni siquiera salí al encuentro de la mujer. Más tarde, Amma salió y se quedó de pie en el balcón de su habitación. En ese momento yo pasaba por allí por alguna otra razón y Amma me preguntó: "¿Hay algún devoto que esté esperando verme?" Inmediatamente aproveché la oportunidad: "Si, sí, Amma. La mujer de Tamil Nadu está esperando."

"¡Espera!," me dijo. "No te he preguntado por esa señora, sino por alguien más que esté esperando ahí."

Le dije a Amma que iría a ver si encontraba a alguien. Vi a un matrimonio con sus hijos. Nada más verlos, comprobé que se trataba de una familia muy pobre. Los niños tenían algunos mocos, las mejillas sucias y el pelo descuidado. Cualquiera los habría considerado unos mendigos. Estaban a punto de irse nada más llegar al ashram, pues vieron que Amma había acabado de dar *darshan* y no podrían verla. Se sentían muy decepcionados y por ese motivo empezaron a llorar. Fue precisamente en ese momento cuando Amma me pidió que fuera a ver si había alguien esperando para verla.

Volví inmediatamente a Amma y le dije: "Amma, hay una familia esperando. Han venido a verte, pero como ya te habías ido, no les ha sido posible recibir tu *darshan*. Tienen que volverse a su casa hoy mismo. Se dedican a servir té en una pequeña tienda que han montado en su casa. Habían cerrado la tienda para venir al ashram a verte. Si no se vuelven esta noche no podrán abrir la tienda mañana y ese es su único modo de vida. Amma me pidió que los acompañara inmediatamente a su habitación. Yo estaba sorprendido. Por un lado, la señora generosa y rica estaba esperando ver a Amma y, por otro lado, Amma llamaba a su habitación a esta familia pobre. Amma habló con ellos y los consoló. Estuvo casi media hora con ellos y les dio *prasad*.

Yo no podía controlar mi curiosidad. Le pregunté: "Amma, me gustaría saber por qué has actuado de ese modo hoy. Esa pobre familia con la que te has encontrado se irá y no dejará ningún donativo al ashram, mientras que esa señora rica que esperaba verte podía haber sido una gran ayuda para nuestro ashram."

Amma me contestó inmediatamente, en un tono muy serio, que no estaba haciendo su trabajo para esperar alguna ayuda de alguien, más bien era ella la que estaba dispuesta siempre a ayudar al que lo necesitara. Dijo: "Ese pobre matrimonio viene al ashram cada semana. Tienen su pequeña tienda de té que apenas les da para comer. Cualquier cosa que hacen lo aceptan con alegría. Sus únicos ingresos proceden de la venta de té, fritos y galletas en su pequeña tienda. Son tan pobres que tienen que emplear el dinero que consiguen cada día en comprar arroz y legumbres para el día siguiente. Los padres ayunan un día a la semana y vienen a ver a Amma con el dinero que podían haber gastado en comida. La semana pasada consiguieron algunas rupias extras y han hecho un donativo."

La señora rica había hecho un importante donativo, pero Amma no le prestó una especial atención. Lo que había dado la familia pobre no era mucho si lo comparamos con la gran donación que había hecho esa señora. Pero si consideramos lo pobres que eran, su donativo para Amma no tenía precio.

Es necesario indicar que más tarde, Amma llamó a la señora rica a su habitación y estuvo un tiempo con ella.

Capítulo 13

Renunciación

El regalo que Amma más aprecia

Durante una celebración del cumpleaños de Amma, hace unos pocos años, un grupo de estudiantes universitarios fueron con una gran caja muy bien envuelta en papel de regalo. Se la presentaron a Amma diciendo que era su regalo de cumpleaños. Amma la aceptó sonriendo y dijo: "Namah Shivaya."

Entonces les dijo: "Se trata de un bonito regalo, pero hay un regalo mejor que me podéis hacer." Eran muy jóvenes y Amma sabía que tenían el hábito de fumar. Por tanto, les dijo: "Hijos, innumerables personas están sufriendo en este mundo. Muchos no tienen siquiera dinero para comprarse un simple analgésico, ni medicinas. Si dejáis de fumar y ahorráis ese dinero, podríais ayudar, al menos, cada año a algunas de esas personas que sufren.

"¿Qué conseguís fumando? Eso sólo destroza vuestra salud y os hace esclavos de un mal hábito. Estáis convocando a la enfermedad y pagando un alto precio por una muerte temprana. Incluso ahora aparece en cada cajetilla de tabaco: El fumar perjudica la salud. El fumar puede provocar cáncer." A pesar de eso, muchos no son capaces de dejar el hábito de fumar. Algunos piensan incluso que fumar es un signo de estatus social alto. El verdadero y perdurable estatus viene determinado por poseer una mente expansiva y no por esos hábitos perjudiciales.

"Si no puedes dejar de fumar, reduce al menos la cantidad de cigarrillos y destina ese dinero a socorrer a los pobres. Amma considerará ese regalo como el mejor que le podéis hacer." Los jóvenes se quedaron pensativos un momento. Eran bien conscientes del poder de la adicción de fumar y lo difícil que les resultaba dejar ese hábito. Por tanto, dijeron: "Está bien, lo intentaremos, pero necesitamos tus bendiciones y tu gracia."

Amma les respondió: "Si no podéis dejarlo, entonces traedme todas las colillas de los cigarros que os hayáis fumado. Al pensar que tenéis que darle la colilla del cigarro a Amma, eso os ayudará en gran medida a dejar de fumar." Amma los despidió con esas palabras.

La noche del siguiente cumpleaños de Amma, acudieron con dos regalos muy bien envueltos. Insistieron en que Amma abriera los paquetes y viera su contenido. Amma abrió el primer paquete mientras los estudiantes se mostraban triunfantes. Amma exclamó con una fuerte sonrisa: "Este es el regalo más preciado que podéis darle a Amma." Todos se inclinaron para ver cuál era el regalo que tanto apreciaba Amma. ¡La caja estaba vacía! No había ninguna colilla, lo que significaba que ninguno de ellos había fumado un simple cigarro durante todo el año, desde que habían prometido a Amma que lo intentarían. En la segunda caja había algunas prendas, cuadernos, bolígrafos y lápices para los niños del orfanato. Aquellos jóvenes habían conseguido mantener la promesa que le hicieron a Amma.

Nosotros también podemos intentar darle a Amma este tipo de regalo, el regalo de la renuncia y el sacrificio. Ella no quiere cualquier cosa de nosotros. Quiere que sus hijos ayuden a los pobres y a los que sufren, en la medida que puedan, abandonando algunas adicciones y lujos. El logo sobre el emblema del ashram de Amma (*tyagenaike amritatwamanasuh*) significa: "Sin renuncia, la verdad no puede ser realizada." Este texto forma parte de un himno de los Upanishads que dice: "No por las acciones, no por descendencia, no por la riqueza o el dinero, sino sólo a través de la renuncia se alcanza la inmortalidad."

El auténtico espíritu de renuncia

Cuando hablamos de renuncia, podemos pensar inmediatamente en abandonar a nuestra familia, nuestra riqueza, nuestra casa y todas las demás posesiones, y emplear todo nuestro tiempo meditando. No es así. Renunciación significa abandonar los apegos a nuestras posesiones. En sánscrito, a este apego se le denomina *mamakara*, que significa "El sentido de propiedad o de posesión." Es una palabra gemela de *ahamkara* (ego). Quebrar el sentido de limitación que el ego nos impone del yo y de lo mío, se denomina liberación o *moksha* en la filosofía vedántica.

Cuando pienso que este terreno es mío, estoy diciendo que el resto de la tierra, de este planeta, no guarda ninguna relación conmigo. De este modo, estoy imponiendo una limitación en la naturaleza infinita de mi auténtico Ser. Igualmente, cuando pienso que soy este cuerpo, mente e intelecto, sólo tengo en cuenta una pequeña y relativa imagen de mi ser y olvido que formo parte de la Conciencia omnipresente.

Tal vez no sea muy práctico empezar a practicar esta actitud universal inmediatamente y en todas las esferas de la vida, mientras permanezca el ego en nuestro interior. El camino práctico y seguro para la liberación es vincular nuestra vida a la de un Maestro que haya realizado esta unidad del Ser. Igual que un bote unido a un barco puede cruzar un océano sin ningún esfuerzo por su parte, al vincular nuestra vida a un Maestro, también podemos alcanzar la otra orilla de este océano de vida y muerte.

Todos venimos a este mundo solos, y nadie vendrá con nosotros cuando lo abandonemos. Este cuerpo, nuestro lugar de nacimiento y nuestros padres no fueron conscientemente elegidos por nosotros. Ya que es así, también deberíamos estar dispuestos a aceptar que todo lo que amamos en esta vida, todos nuestros parientes y amigos, todos nuestros logros son también regalos del

Todopoderoso. Amamos y apreciamos esos regalos, pero ¿cuántas veces nos acordamos de Dios, que es quien nos da todas esas cosas?

Cuando entendemos que esta vida en sí misma es un regalo de Dios, entonces tenemos la actitud de agradecimiento sincero a Dios y hacia la Creación, que es la expresión de Dios. La presencia del Maestro y la vida nos enseñan esa verdad. El Maestro, al ser uno con Dios, nos da un punto focal con el que podemos desarrollar nuestro amor y dedicación a Dios. Si mantenemos la actitud de que todo lo que viene a nosotros nos es dado por Amma, y que todo lo que perdemos es nuestra ofrenda a ella, entonces tendremos ecuanimidad mental en todas las circunstancias de la vida. Esa es la verdadera renunciación.

La renuncia no significa necesariamente abandonarlo todo e irse a un ashram, o que no deberíamos amar a nuestros hijos o cónyuge. Podemos vivir con nuestra familia con un espíritu de desapego. Deberíamos hacerlo todo como si fuera nuestro deber, pero al mismo tiempo necesitamos recordar que todo se desvanecerá un día, en el momento de la muerte. Deberíamos estar preparados para eso. Esa es la auténtica actitud de renuncia.

Janaka era un famoso rey en la antigua India. Era un verdadero *jnani*, una persona que ha realizado la Verdad. El rey Janaka tenía un Gurú llamado Yagnyavalkya. Aunque Janaka era un rey, seguía las clases sobre las Escrituras que impartía Yagnyavalkya a muchos otros discípulos. El Gurú le tenía un gran aprecio al rey Janaka por su profunda espiritualidad y le concedía ciertos privilegios. A veces el Gurú no empezaba la clase hasta que el Rey Janaka hubiera llegado. Pero si los otros discípulos se retrasaban, no los esperaba para empezar. Los demás discípulos no lo entendían y se sentían celosos. Pensaban que el Gurú era parcial porque Janaka era un rey rico, y concluyeron que la actitud del Gurú no era la correcta. Algunos se dedicaron a extender este rumor. Había una gran agitación entre los estudiantes.

No obstante, Yagnyavalkya comprendió la actitud mental de sus discípulos y quiso que vieran el error de su apresurada conclusión. Con su gran poder espiritual, creó un incendio ilusorio. En medio de la clase, un mensajero de palacio del Rey Janaka llegó apresuradamente y, tras recibir el permiso del Gurú, le dio a Janaka una nota y susurró algo en su oído. Los otros discípulos lo vieron y uno de ellos, que estaba sentado junto a Janaka, echó una mirada a la nota para ver qué decía. El Gurú interrumpió la clase un momento y cerró sus ojos. Cuando los abrió, no había nadie en la clase salvo Janaka. Los otros discípulos se habían ido corriendo. Por tanto, continuó la clase solo con Janaka, que seguía sentado allí, sereno y en calma.

Más tarde, los discípulos volvieron y encontraron que la clase ya se había terminado. Se enfadaron con el Gurú y le preguntaron: "¿Por qué acabaste la clase tan pronto? No había nadie aquí. Deberías haber esperado a que volviéramos."

El Gurú replicó: "Janaka estaba aquí." Ellos se volvieron todavía más irritados y dijeron al Gurú: "¿Acaso no sabes lo que ha pasado?"

"No, ¿qué ha pasado?", preguntó el Gurú inocentemente.

"El palacio real se ha incendiado," respondieron.

El Gurú les dijo: "Si no vivís en el palacio, ¿por qué os alteráis?"

"Dejamos a secar nuestra ropa junto a los muros de palacio. Podía haber ardido, pero por la Gracia de Dios llegamos allí justo a tiempo."

El Gurú se volvió hacia Janaka y le preguntó: "¿Sabías que estaba el palacio en llamas? ¿No era tu deber salvarlo? ¿Por qué seguiste aquí sentado tan silenciosamente?"

Con gran humildad, Janaka respondió: "Maestro, la vida es incierta. ¿Quién sabe si podremos tomar el siguiente aliento? Antes de que la muerte se lleve el cuerpo, hay que realizar la inmortalidad del Ser. Entonces, una persona puede salvarse no sólo a sí misma, sino a toda la humanidad. A los pies de un gran Maestro como tú, la Auto-Realización puede producirse en cualquier momento. Sólo un loco dejaría perderse la oportunidad de escuchar las enseñanzas de su Gurú con el fin de salvaguardar cosas que son perecederas dada su propia naturaleza."

Para mostrar a sus discípulos la grandeza del Rey Janaka, Yagnyavalkya les dijo: "Janaka es el rey de todo el país. El palacio es su hogar, y aunque sabía que estaba ardiendo, no se movió de aquí. No se sintió apegado a ninguna de sus posesiones aunque viviera en medio de ellas, mientras que vosotros seguís apegados a unos simples taparrabos. Intentasteis salvarlos aunque os costara la Auto-Realización. Uno puede ser un *sannyasin* y seguir apegado a cosas pequeñas como a un bol para pedir limosnas, un par de sandalias o un bastón para caminar. Por otro lado, hay personas que tienen muchos hijos y responsabilidades, y están totalmente desapegados. Esta actitud mental es la verdadera renunciación."

Muchas oportunidades para practicar renuncia

Suponed que dormimos ocho horas cada día. ¿Por qué no reducimos media hora el sueño? Adoptad el siguiente compromiso: "De ahora en adelante, dormiré solo siete horas y media." Eso es renunciación. Suponed que comemos cuatro veces al día. Podemos decidir: "Comeré solo tres veces al día sin incrementar la cantidad de comida que tomo a diario."

La mente no quiere que se le discipline. Una mente no disciplinada estará agitada e inquieta. Por otra parte, podríamos ser felices y apacibles como Amma. Cuando tratamos de imponer alguna disciplina, hay una reacción interna, pero debemos mantener el esfuerzo. Si somos capaces de disciplinar nuestras mentes, podremos realizar a Dios.

Algunos no quieren meditar durante mucho tiempo. Puede que tampoco nos guste dedicar tiempo a hacer *yogasanas*. Sin embargo, cuando persistimos en estas prácticas espirituales como una disciplina, estamos practicando renunciación indirectamente. Aunque queramos levantarnos después de media hora de meditación, si tenemos la fuerte determinación de que hoy permaneceremos cuarenta y cinco minutos, eso es renunciación, pues renunciamos a nuestro deseo de levantarnos al cabo de media hora. Hay muchas oportunidades para practicar actos de renuncia de este tipo a lo largo de nuestra vida cotidiana. De este modo nuestra mente puede ser entrenada.

Muchas personas piensan que pueden encaminarse hacia la espiritualidad, una vez hayan conseguido ganar suficiente dinero, hayan obtenido la posición social que deseaban y hayan disfrutado de todos los placeres que podían desear. Sólo entonces se plantearán la renunciación. Esto nunca va a suceder. Nuestra mente y cuerpo no nos obedecerán aunque lo intentemos y nos pongamos a rezar y a meditar cuando seamos viejos. Será mucho más difícil controlar nuestra mente, reducir nuestros pensamientos y mantener el cuerpo inmóvil durante un tiempo cuando seamos viejos. Por tanto, siempre es mejor empezar nuestra búsqueda espiritual en una edad temprana. Cuanto más temprano, mejor.

Formas habituales de renuncia

La renunciación no es algo nuevo para nosotros. La practicamos a menudo en nuestra vida cotidiana, pero normalmente sólo con fines egoístas. Amma nos pone un ejemplo de este tipo de renuncia. Muchas personas se quejan de que no tienen tiempo para el *satsang* o para ir al templo a adorar, aunque encuentran tiempo para esperar durante horas en un hospital si sus hijos están enfermos. En el hospital pueden padecer muchas incomodidades, pero las aguantan sin quejarse. Este es un tipo de renuncia que se hace por el bien de la familia.

Amma también nos da los siguientes ejemplos. Cuando proyectan películas muy famosas en los cines de la India, podemos ver a mucha gente haciendo largas colas, aguantando el sol abrasador durante horas para conseguir entradas. A esas personas no les importa esta clase de fatiga. Sucede igual en los campos de béisbol. La gente está tan ansiosa por obtener una entrada para ver el partido, que no les importa aguantar los apretujones de toda la multitud. Estas son formas diferentes de renunciación, pero no tienen un valor perdurable.

Nuestra clase de renunciación actual es como la del muchacho que renuncia a sus canicas cuando ya no le interesan. Había dos hermanos de cinco y ocho años de edad. El mayor conseguía arrebatar todas las canicas de su hermano menor y no se las devolvía por mucho que llorara. Cada día se dedicaban a jugar a las canicas. Así estuvieron un tiempo.

Una mañana el hermano mayor cogió todas las canicas que guardaba en su bolsa y se las dio a su hermano menor. Éste no podía creer lo que veían sus ojos. Pensó que su hermano se había vuelto loco. ¿Por qué le daba aquellas preciosas canicas? ¿Quizás se había vuelto generoso su hermano de la noche a la mañana? La explicación más sencilla era que su padre le había dado al hermano mayor una bicicleta, y ya no estaba interesado por las canicas. Ahora tenía algo mucho mejor que no unas simples canicas.

Muchas personas no desean renunciación alguna si eso supone servir a los demás, hacer práctica espiritual o abandonar algún apego. Pero uno de los mejores momentos para practicar renuncia por un alto propósito, es cuando vamos a ver a Amma. En todas partes del mundo, muchas personas que normalmente no se privan de dormir, comer y otras comodidades, esperan durante horas el *darshan* de Amma para sentir un vislumbre de su amor divino. Cuando estamos en presencia de Amma, todas nuestras preocupaciones mezquinas y apegos tienden a desaparecer. Desafortunadamente, tan pronto como nos alejamos de Amma, somos incapaces de mantener el mismo espíritu. La renunciación requiere una determinación para cambiar de dirección o centrar nuestra vida en la espiritualidad. Debemos ser conscientes de la meta e intentar alcanzarla.

La grandeza del auténtico sacrificio

El grado de nuestra renuncia no tiene que ver con la cantidad de dinero que damos para caridad, ni con el valor de las cosas a las que renunciamos. Depende de la actitud y del contexto en el que realicemos el acto de renuncia. Hay una historia en el *Mahabharata* que ejemplifica la esencia de la renunciación. Después de una gran guerra, los Pandavas realizaron un gran sacrificio. Entregaron vacas, oro, ornamentos, dinero y otros objetos de valor para fines caritativos. El sacrificio duró muchos días y se distribuyeron muchas riquezas, por lo que todo el mundo reconoció que se trataba del más grande de los sacrificios nunca vistos. Aunque los Pandavas eran virtuosos por naturaleza, ellos se sentían un poco orgullosos de su propia magnanimidad.

Un día, durante el sacrificio, una mangosta se acercó al lugar. Era una extraña mangosta, pues la mitad era marrón, como son las mangostas corrientes, y la otra mitad dorada. Cuando los Pandavas vieron esta extraña mangosta, sintieron curiosidad.

Se sorprendieron cuando la mangosta empezó a hablar con una voz humana y dijo: "Los méritos del sacrificio que habéis realizado no llegan ni siquiera al uno por ciento de los méritos adquiridos por la familia del pobre Brahmin a quien distéis tan solo un puñado de comida." Los Pandavas querían saber más sobre sus palabras y le preguntaron por qué tenía el cuerpo medio dorado. La mangosta respondió: "Hace unos años había una familia Brahmin en un país que se vio azotado por el hambre y la sequía. Hacía años que no llovía y todas las cosechas se habían perdido. Se había consumido todo lo que quedaba en reserva y la gente empezó a morirse de hambre. Muchas familias morían cada día. La familia Brahmin se las arregló para conservar un poco de harina. Al final, eso fue suficiente para salir adelante. Así que decidieron ayunar durante algunos días, y el día que sintieran que iban a morir de hambre, podrían utilizar la harina para hacer un simple *chapatti* y comerlo para poder sobrevivir algunos días más.

"Ayunaron durante muchos días y, finalmente, llegó el día en el que sentían que iban a morir si no comían algo. En esa familia había cuatro personas: el marido, la esposa, su hijo y una hija adoptiva. Aquel día decidieron hacer un *chapatti* con la harina que les quedaba, de forma que pudieran dividirla en cuatro partes. Cuando estaban a punto de comerlo, vieron a un mendigo que estaba enfrente de la casa. Les dijo: "Estoy sin comer desde hace días. Si no me dais algo de comer ahora, me moriré aquí mismo." El marido se sintió muy apenado por él y le dijo: 'Estoy dispuesto a darte mi ración, aunque eso me cueste la vida, no me importa. Al menos habré salvado la tuya. Ten, toma mi parte.' El padre le dio su trozo de *chapatti* al mendigo, que se lo tragó de golpe.

"Cuando estamos hambrientos, si tenemos sólo un poco de comida, eso agrava nuestra hambre. Eso fue lo que le sucedió al mendigo. Estaba tan hambriento que dijo: "Oh, si no me dais otro trozo, seguramente moriré.'

"Entonces la esposa dijo: 'Está bien, haré lo mismo que mi marido, dejaré que también tomes mi ración.' Le dio su parte al mendigo, pero éste todavía no logró apaciguar su hambre. Le correspondió entonces el turno al hijo. Éste también le dio su ración. Pero el mendigo seguía hambriento.

"La hija de la esposa pensó entonces: 'Si todos han dado su ración, ¿cómo me voy a comer yo la mía? También voy a dársela.' Por tanto, también ella le dio su ración. El mendigo se la comió y se fue de allí.

"Al poco tiempo, toda la familia murió de hambre. Después de haber muerto, yo pasé por aquella casa en busca de alguna presa para comer. Encontré harina de trigo esparcida por todas partes. Cuando me arrastré por la harina, una parte de mi cuerpo se embadurnó de ella, y por la grandeza del sacrificio de esa familia, ese lado se volvió de oro. Desde aquel día, visité todos los lugares donde la gente ofrece caridad, pero no encontré ningún lugar en el que pudiera conseguir volver mi otro lado del cuerpo en oro. Tenía grandes esperanzas de conseguirlo haciéndolo rodar en este lugar sagrado, donde se ha realizado este gran sacrificio, pero se han frustrado todas mis esperanzas."

La familia Brahmin no entregó una gran cantidad de dinero. Su caridad se limitó a una pequeña ración de *chapatti*. En aquellas circunstancias, fue el más grande de los sacrificios que cada uno de ellos podía hacer. Cualquiera que sea nuestra posición en la vida, cualquiera que sea nuestro bagaje o situación, si podemos practicar renunciación, abandonando algo que apreciemos en el más alto grado, algunos de los apegos que tenemos, entonces eso será el más grande de los sacrificios.

Capítulo 14

La gracia de Dios

El esfuerzo correcto nos trae la gracia

L a mayoría de la gente desea alcanzar muchos objetivos y tiene muchas ambiciones, pero eso sólo no basta. Necesitamos un programa concreto para alcanzar nuestros objetivos. Hay ciertos elementos que son esenciales para lograr cualquier meta en la vida. Amma nos dice: "Con independencia de los objetivos que tengamos, para cumplirlos necesitamos tres cosas: un tipo de esfuerzo correcto, que el esfuerzo se realice en el momento apropiado y la gracia de Dios."

Sólo el esfuerzo no puede aportarnos un resultado positivo, también tiene que estar presente la gracia de Dios. Entre nuestro esfuerzo y el resultado, hay muchos factores que inciden en el resultado, y muchos de esos factores no están bajo nuestro control. Aunque todos los factores tengan que ser favorables para obtener el resultado deseado, no podemos cambiar o actuar sobre los factores que están más allá de nuestro control. Sólo la gracia de Dios puede hacer que esos factores sean favorables y conseguir que nuestro esfuerzo tenga un resultado positivo.

La gracia no es algo que recibimos o pedimos. Amma siempre nos dice que la gracia tiene que ser ganada, lo que implica que hay que hacer algún esfuerzo. Tenemos que hacer un esfuerzo sincero y esperar pacientemente la gracia.

Es aquí donde los *Mahatmas* y *Satgurús* desempeñan un papel vital. La gracia que recibimos de *Mahatmas* y *Satgurús* como Amma no es diferente de la gracia de Dios. *Mahatmas* y *Satgurús* son la encarnación del amor incondicional y de la compasión. Su

204

único propósito es el de ayudarnos a salir de los problemas y la esclavitud mundana y llevarnos hacia Dios o la Verdad.

Amma dice que el periodo en el que tales *Mahatmas* o grandes Maestros viven en este mundo es como una época de rebajas. Durante ciertos periodos del año, por ejemplo después de Navidad o en verano, se ofrece ropa, muebles y otras cosas a un precio reducido. Si compramos esos productos durante una época de rebajas, pagamos menos de lo habitual. Igualmente, los periodos en los que viven los *Mahatmas* pueden ser comparados a esas épocas en las que se nos ofrece la gracia más fácilmente. A través de la gracia de los *Mahatmas*, podemos conseguir por nuestra parte los resultados deseados con menos esfuerzo del que se suele requerir. Este beneficio se da tanto en el cumplimiento de nuestros objetivos, como en la superación de situaciones difíciles.

La espiritualidad no se limita a sentarse y meditar sin más, también incluye el modo en el que hablamos o nos comportamos con los demás. Si no hacemos un esfuerzo correcto y rezamos: "Concédeme la gracia, Señor", no cosecharemos resultado alguno.

Amma nos cuenta una divertida historia sobre la falta de esfuerzo. Había un hombre pobre que rezaba a Dios cada día. Uno de esos días se le ocurrió una idea. Pensó: "Quiero ser rico. Si Dios me bendice, seguramente lo conseguiré de inmediato. ¿Por qué no ponerme a rezar para conseguirlo?" Desde aquel momento, rezó a Dios: "Oh, Señor, por favor ¡hazme rico!" A los pocos días, al ver que no se producía ningún cambio en su situación económica, pensó: "Quizás debería rezar para conseguir dinero de una manera determinada." En aquella ciudad se celebraba todos los meses un sorteo de lotería, así que rezó de este modo: "Oh, Señor, con tu gracia, ¡haz que me toque el primer premio de lotería de este mes!" cuando se celebró el sorteo, ni siquiera el tocó el último premio, y mucho menos el primero. Se quedó muy decepcionado, pero pensó: "El próximo mes habrá otro sorteo, tal vez gane ese premio."

Cuando llegó el siguiente sorteo, no ganó nada. Aunque se mostró decepcionado, siguió rezando. Pasaron muchos meses y siguió sin conseguir nada. Un día estaba tan enfadado que empezó a gritarle a Dios: "Señor, ¿por qué no me escuchas? ¿No puedes contestar a mis simples plegarias?"

De pronto se oyó la voz de Dios: "Hijo mío, claro que conozco tus problemas y puedo oír tus oraciones, y estoy ansioso de ayudarte."

El hombre se mostró todavía más enfadado: "Si es así, ¿por qué te demoras? ¿Por qué no haces que me toque el primer premio de la lotería?"

Dios le contestó: "Deseo ayudarte, hijo mío, pero ¡que puedo hacer si tú no compras un simple boleto de lotería?"

De igual manera, si nos limitamos a rezar: "Oh Señor, concédeme tu gracia," eso no va a funcionar. Aunque acostumbramos a implorar la gracia, no siempre ponemos de nuestra parte el esfuerzo positivo necesario. Sin la gracia de Dios, nuestro esfuerzo no puede dar su fruto, pero sin nuestro esfuerzo, se ve impedida la gracia de Dios.

La gracia de Dios o la del Gurú también puede mitigar nuestro *karma* negativo. En cierta ocasión, algunos de los *brahmacharis* fuimos con Amma a realizar un programa en Kottayam, una ciudad alejada del ashram. De regreso visitamos una casa en una pequeña aldea a petición de unos devotos que vivían allí. Amma dirigió una *puja* en su casa, y a continuación se puso a hablar un rato con la familia. Estaban contentísimos por la visita de Amma a su casa. En un momento dado, Amma se volvió hacia su interior y toda la habitación se quedó en silencio. De pronto, Amma se levantó y se dirigió hacia la puerta trasera sin dar ninguna explicación. Eran las tres o las cuatro de la mañana y allí fuera todo estaba bien oscuro. El padre corrió a buscar una linterna para iluminar el camino, pero cuando la trajo Amma ya estaba caminando por el campo de mangos que había detrás de la casa. Como no quería molestarla, el hombre siguió a corta distancia mientras dirigía la luz de la linterna a los pies de Amma.

Amma volvió a la casa al cabo de unos diez minutos. Enseguida nos dimos cuenta de que uno de sus dedos estaba sangrando. Se debió cortar mientras caminaba por la oscuridad. La familia estaba muy afectada. Hicieron todo lo que pudieron por limpiar y vendar la herida adecuadamente. Después los *brahmacharis* acompañaron a Amma de regreso al ashram.

Un día, transcurridos unos pocos meses, esta familia fue a visitar a Amma al ashram. Le dijeron a Amma que la aldea donde vivían había sido asaltada. Una banda de delincuentes había ido casa por casa, robando golpeando e incluso matando a los que se resistían. También entraron a robar en la vivienda de esta familia, pero ninguno de sus miembros había sufrido daño alguno. La familia sabía que por la gracia de Amma ninguno había sido atacado, y por tanto había acudido al ashram para expresarle su gratitud. Cuando le contaron a Amma este suceso, oí que ella les decía: "Yo ya derramé sangre en tu casa. Por eso nadie ha resultado herido." Amma no explicó nada más, pero cuando se lo oí decir, entendí que aquella casa estaba destinada a un derramamiento de sangre. Al recibir la herida en su propio pie y al sangrar en aquel hogar, Amma había protegido a toda la familia del daño que estaban destinados a padecer.

Del egoísmo al altruismo

Una maravillosa ventaja de acudir a un *Mahatma* es que el gran Maestro derrama su gracia sin que nos pida primero una preparación previa. Nos ayuda a conseguir nuestra meta con menos esfuerzo del que habríamos necesitado.

Amma nos pone el ejemplo de un velero. Si viajamos en un velero con vientos favorables, nos basta con mantener la vela a favor del viento, y el viaje será rápido y cómodo. No necesitamos remar con toda nuestra fuerza pues el viento impulsa el velero hacia delante. Igualmente, cuando un *Mahatma* como Amma vive entre nosotros, la brisa de su gracia y compasión están constantemente soplando. Nosotros no tenemos más que sostener nuestras velas —abrir nuestros corazones— para recibir su gracia.

Amma nos dice que siendo amables y afectuosos, y sirviendo desinteresadamente a los demás, podemos obtener esta gracia. Cuanto más egoístas sean nuestras actividades más impediremos que fluya la gracia. Las acciones desinteresadas abren las compuertas para que fluya hacia nosotros la gracia de Dios.

Es evidente que realizamos el máximo esfuerzo en nuestros objetivos mundanos —conseguir un buen trabajo, hacer dinero, alcanzar un alto estatus social—, pero todos esos esfuerzos son de naturaleza egoísta. Apenas hacemos algo desinteresadamente. La mayor parte del tiempo nos dedicamos a tomar, de forma incesante, de la naturaleza y de la sociedad. La armonía entre los seres humanos, los animales, las plantas y las fuerzas naturales se ve alterada por nuestro egoísmo. La única nota disonante en la gran sinfonía de la vida sobre esta tierra, es nuestro egoísmo.

Los que están continuamente tomando del mundo llevan una clase de vida de lo más egoísta. En la *Bhagavad Gita*, el Señor Krishna los denominaba ladrones. El egoísmo de una persona es perjudicial para la naturaleza y para todos, incluida ella misma. El egoísmo es como estar comiendo continuamente y no querer expulsar nada. La abundancia de riqueza puede mermar la vida de una persona tanto como la absoluta pobreza.

Al menos una pequeña ayuda deberíamos dar a los demás y a la naturaleza. Raramente nos molestamos en hacer algún esfuerzo hacia ese fin. Simplemente decimos: "Dios ya se encargará de ello." No estamos dispuestos a dar nada de nosotros mismos, y mientras no queramos dar a los demás, estamos impidiendo que fluya hacia nosotros la gracia de Dios.

Amma dice que si nos pasamos veinticuatro horas al día haciendo algo por nuestro bien, deberíamos dedicar al menos algo de tiempo a rezar por la paz y el bienestar de los otros seres. Es bueno que cuando haya una oportunidad de ayudar a los otros físicamente, con nuestro talento, económicamente o de cualquier otro modo, no dejemos de hacerlo.

Amma habla a menudo sobre el esfuerzo y la gracia. La gracia de Dios es el elemento más importante para conseguir los resultados deseados de nuestros esfuerzos. Amma nos da el ejemplo de dos candidatos que acudieron a una entrevista para conseguir un único puesto de trabajo. Los dos tenían una buena preparación y contestaron correctamente a todas las preguntas que les hicieron. ¿Cuál de ellos iba a ser seleccionado? Sólo saldría elegido uno: aquel que consiguiera ganarse la simpatía del entrevistador. ¿Qué es lo que permite que se genere esa consideración en el corazón de la otra persona? Sólo la gracia de Dios. Por esta gracia, a veces, vemos que una persona a la que no le ha ido bien la entrevista es seleccionada, mientras que otras contestan correctamente y no son elegidas.

En los partidos de cricket, vemos a menudo que cuando un bateador está a punto de marcar una centena empieza a sentirse nervioso. En esa situación, vemos cómo a veces hasta el peor jugador que intercepta la jugada consigue atrapar la pelota cuando el bateador se la ofrece, mientras que en otras ocasiones ni el mejor interceptador acierta a atraparla. ¿Quién puede explicar por qué sucede así? Amma dice que es la gracia la que completa nuestros esfuerzos. Necesitamos reconocer que esa gracia es un elemento de vital importancia en nuestra vida.

Una vez que sabemos que es necesaria la gracia de Dios, es importante que también realicemos nuestras acciones en el momento apropiado. Supongamos que tenemos un hijo que nos es muy querido. No soportamos el verlo llorar o que esté triste. Cuando tiene cuatro o cinco años, lo enviamos a una escuela infantil. Como ya sabemos, a la mayoría no les gusta ir a la escuela. Muchos niños se pasan días y días llorando hasta que se habitúan. Por tanto, tu hijo también llora y te sientes muy afectado porque no puedes verlo llorar. Pero, incluso así, no pensarás: "Tal vez deba esperar hasta que tenga quince años. A esa edad ya sabrá por qué necesita ir a la escuela y no llorará."¿Sería ésta una buena decisión? Posponer su entrada en la escuela ¿va a ayudarle de algún modo? Nadie esperaría hasta que el niño alcance suficiente madurez para enviarlo al colegio. Los enviamos cuando tienen cinco o seis años tanto si lloran como si no. Sabemos por experiencia que el sufrimiento que experimenta el niño es sólo por su propio bien y que, por tanto, debería ir a la escuela a una edad adecuada. De forma similar, hay un momento apropiado para cada uno de los esfuerzos que hacemos a lo largo de nuestra vida.

Si sembramos en una época que no es propicia, por ejemplo durante los monzones, será difícil conseguir una buena cosecha, pues todas las semillas se perderán a causa de las fuertes lluvias. Así, si se pierde la gracia de Dios, no obtendremos los resultados deseados aunque hagamos todos los esfuerzos necesarios en el momento oportuno. Por ejemplo, podemos sembrar las semillas en su momento, cuidar los cultivos, añadirle la cantidad exacta de estiércol y de agua; pero si se produce una inundación o un ciclón en el momento de la cosecha, todos nuestros esfuerzos se perderán. Por tanto, la gracia de Dios es el factor más importante.

Maestros y Avatares

¿Cuándo es el mejor momento para invocar la gracia de Dios? Las Escrituras nos dicen que es cuando un Maestro que ha realizado a Dios vive entre nosotros. Los *Mahatmas* han venido al mundo por su desbordante compasión y únicamente con la intención de ayudarnos.

Se cuenta una historia sobre el motivo por el que estos *Avatares* vienen a este mundo. Había una vez unas personas que viajaban hacia una ciudad. Tenían que atravesar un denso bosque y el viaje, desafortunadamente, se prolongó más de lo esperado. Pronto empezó a escasear la comida. Durante dos o tres días caminaron sin comer nada. Al final, llegaron a un alto muro de un recinto. Querían saber qué había al otro lado del muro y uno de ellos lo escaló con la ayuda de otro para ver lo que había.

Cuando miró por encima del muro exclamó: "¡Oh, Dios mío!" y saltó al otro lado sin decir nada a los otros que querían saber qué había visto. Se quedaron esperando a que volviera, pero no lo hizo.

Enviaron a una segunda persona, que también dijo: "¡Oh, Dios mío!" y saltó al otro lado del muro y nunca más volvió. Así le pidieron a una tercera persona que fuera y describiera lo que había al otro lado. Le suplicaron que no hiciera lo mismo que los otros dos. "Por favor, vuelve y cuéntanos lo que hay allí," le dijeron, y entonces le ayudaron a escalar el muro. Cuando miró por encima del muro, sonrió y dijo: "¡Oh, es increíble! ¡Es maravilloso!" Tras decir estas palabras saltó al otro lado, y al igual que los otros dos tampoco volvió. Pensó: "¿Qué prisa hay? ¡Dejad que lo disfrute un tiempo!"

Lo que encontraron al otro lado del muro eran maravillosos árboles frutales, un fresco manantial y abundante comida. Estaban tan hambrientos cuando saltaron el muro que se saciaron hasta no poder más. ¿Cómo iban a poder escalar de nuevo el muro para volver?

Antes de escalar el muro, la cuarta persona decidió volver realmente. Saltó al otro lado, comió algo y volvió a contarles a los demás la deliciosa comida que había allí. Después ayudó a los otros a escalar y saltar el muro para que también pudieran disfrutar de la comida.

Se dice que la dicha de experimentar a Dios es tan grande que los que la han gozado nunca quieren volver al mundo, igual que las tres personas que vieron toda la comida, se saciaron y nunca quisieron volver. Una persona como Amma hace un *sankalpa*: "No estaré completamente inmersa en esa dicha. Volveré. Innumerables personas sufren en el mundo y otros buscan la Verdad. Tengo que ayudarles." Así, cuando abandonan el cuerpo, hacen un *sankalpa* para volver al mundo a ayudar y guiar a los demás hacia esa dicha. Amma ha dicho muchas veces que ella está dispuesta a adoptar los nacimientos que hagan falta para el bien de sus hijos.

Nosotros tenemos que recordar una cuestión importante: hemos nacido a causa de nuestro *karma*, pero el nacimiento de un *Avatar* como Amma solo tiene lugar por su inmensa compasión hacia todos nosotros.

Tenemos la historia de Dattan, el leproso que se ha mencionado anteriormente en este libro, quien vino al ashram en sus inicios. A causa de su ilimitada compasión, Amma solía lamer sus heridas durante los *darshans* de *Devi bhava*. Esto estaba más allá de la comprensión de cualquier ser humano. No podemos imaginar a nadie haciendo algo así. Se dice que la saliva de un ser divino tiene poder medicinal. Aunque, si ella hubiera querido podía haber aplicado su saliva en las heridas con sus dedos. Pero no lo hizo. En su lugar, succionó esas heridas. Nadie podía estar allí viéndolo, era una escena espantosa. Algunas personas que vieron cómo Amma lo hacía se desmayaron dentro del templo. Algunos devotos salieron cuando Amma empezó a dar darshan a Dattan. Mucha gente no quería recibir el *darshan* de Amma después de recibirlo Dattan por temor a quedar infectados de lepra. Podéis ver esta escena en uno de los vídeos en los que se relata la vida de Amma. Es probable que antes nunca hayáis oído hablar de nadie que succione las heridas de un leproso, ni siquiera en la ficción. Pero aquí tenemos un ejemplo vivo ante nosotros.

Cuando le pregunté a Amma cómo había podido succionar las heridas de Dattan y si no le resultaban repugnantes, me dio una respuesta que me dejó atónito.

Amma dijo: "Fue una expresión espontánea de mi compasión hacia él." A continuación Amma me dijo: "Si se te infectara una herida en tu mano, ¿qué harías? ¿Acaso te la ibas a cortar?

Yo dije que no.

"¿Por qué?" me preguntó Amma.

"Porque es mi mano," le dije. "Cómo iba a cortar mi propia mano? Intentaría curarla."

Entonces Amma dijo: "De igual modo, yo no soy diferente de ese leproso. Yo soy él. Él es yo. En otras palabras, estoy en él y él está en mí."

Por eso se dice que los *Mahatmas* tienen una conciencia cósmica y universal. Cuando Amma dijo que ella no era diferente de Dattan, el leproso, se estaba refiriendo a la más alta verdad. Una persona divina se define como una persona que es capaz de ver su propio Ser en todos y a todos en su propio Ser. Por eso Amma es capaz de ser tan compasiva y cariñosa con todos los seres.

Un Maestro es como la primavera

Cuando un Maestro como Amma vive entre nosotros y se muestra tan disponible, es fácil recibir su gracia con un poco de esfuerzo. Amma nos dice: "Si tu das diez pasos hacia mí, yo estoy dispuesta a dar cien pasos hacia ti. Pero, al menos, ¡tienes que dar esos diez pasos!"

Cuando conseguimos algo sin esfuerzo, no somos capaces de apreciar su valor. Es como entregar piedras preciosas a un niño pequeño A los ojos de Amma, todos somos iguales. Si hacemos un esfuerzo sincero, recibiremos realmente su gracia.

Las Escrituras afirman: *"Brahmavid brahmaiva bhavati."* Esta frase significa: "Aquel que ha realizado a Brahman se convierte en Brahman." Esta es una de las mayores declaraciones de los Upanishads. Por eso se dice que todo lo que recibimos de una persona realizada en Dios procede ciertamente de Dios.

Por otro lado, todo lo que procede de nosotros es el producto de nuestros gustos y aversiones, de nuestro ego. No podemos decir que proceda de Dios. Los *Mahatmas* están libres de ego. No se piensan como individuos limitados. Son incapaces de actuar egoístamente.

Nosotros no podemos, en el momento presente, hacer lo mismo. Amamos a nuestros hijos, pero no amamos necesariamente a los hijos de los vecinos. Amamos a nuestros familiares, a nuestros amigos y a nuestros compatriotas. Nos resultaría difícil amar a los demás con esa misma pasión y sinceridad.

Pero los *Mahatmas* están siempre sintonizados a la Conciencia Universal y pueden ver esa Conciencia en todo. Eso se ve perfectamente claro en la vida de Amma y en sus palabras. Cuando Amma da *darshan*, podemos ver que ella no hace ninguna distinción entre personas atractivas o feas, entre ricos y pobres, entre indios y occidentales. Cuando ve a una persona impedida o que sufre, expresa un gran amor y compasión, pero eso no significa que valore a esa persona más o menos que las otras. Es sólo una muestra de que ella da a cada persona aquello que necesita.

El gran Adi Sankaracharya dijo que esos Maestros son como la primavera. En invierno hace mucho frío, sobre todo en los países del norte, el sol se pone temprano y la noche se alarga, los árboles parecen muertos con todas sus hojas caídas, y la gente tiende a permanecer en sus casas. Hasta los pájaros apenas cantan. En algunas partes del mundo, el invierno es tan largo que la gente se siente muy deprimida. Y, entonces, tras el invierno llega la primavera. Cuando llega la primavera, todo cobra nueva vida. Las plantas empiezan a crecer y a florecer. Los árboles renacen con nuevas ramas y los pájaros empiezan a cantar felizmente. La luz solar se prolonga mucho más a lo largo del día. La gente sale y se muestra más activa. Se sienten menos deprimidos.

Los grandes Maestros son como el tiempo primaveral, que trae la alegría a los demás por medio de su presencia, gracia, amor incondicional y compasión. Los que han pasado algún tiempo con Amma pueden confirmar este hecho. Nunca hay un momento anodino alrededor de Amma. Muchos se acercan a Amma con un gran peso en el corazón, y se van con un sentimiento de gran alivio, satisfacción y fuerza. Así como la frescura forma parte de la naturaleza del agua y el calor del fuego, el amor incondicional y la compasión desbordante forman parte de la naturaleza de los seres divinos. Ellos también son capaces de encender el fuego del amor y la compasión en los corazones de aquellos que acuden a su encuentro. Ciertamente, ellos hacen brotar los sentimientos de amor y de alegría en aquellos que los rodean.

Muchas personas sienten como si estuvieran naciendo de nuevo, como si la vida adquiriera un nuevo sentido cuando acuden a Amma. Los que vienen a ver a Amma o viven con ella, pueden claramente atestiguarlo. Es tal la dicha que se siente en compañía de Amma, que constituye un raro privilegio. Aunque no reunamos todos los requisitos propios de un buen buscador espiritual, dada la compasión de Amma se nos da más de lo que merecemos.

Si Amma valorara si estamos preparados para recibir su bendición, muchos de nosotros no la recibiríamos. Amma dice que si ella excluyera a algunos de su amor y bendiciones, o rechazara a los que no son bondadosos ni puros, sería como hacer un hospital de alta especialización y poner un letrero que dijera: "¡No se admite a gente enferma!"

Aunque muchos de nosotros hemos sentido la grandeza de Amma en numerosas ocasiones, tendemos a juzgarla y evaluarla de acuerdo con nuestra mente limitada. Como Amma está contenida en un cuerpo humano como el nuestro, tenemos la tendencia natural a pensar de ella como una persona corriente. Podemos leer maravillosas historias y sucesos en torno a Amma, pero no podemos comprender lo que ella es realmente.

Amma dice que los *Mahatmas* son como grandes icebergs. Solo vemos la punta del iceberg sobre la superficie del agua. Al ver esto, una persona puede sentir que ha visto y comprendido la gran magnitud del iceberg. Pero esa persona solo ha visto una pequeñísima fracción de una gran masa de hielo que está sumergida debajo del agua. De igual modo, nosotros solo somos capaces de percibir una ínfima parte de la grandeza de Amma. Mucha de su grandeza permanece oculta para nosotros.

Amma nos cuenta una historia significativa. Había un ratón en el bosque. Un día el ratón se puso a correr frenéticamente en busca de algo. Mientras corría, cayó en una balsa en la que se estaba bañando un elefante. Nada más ver al elefante, el ratón se detuvo y gritó: "Eh, elefante, sal del agua!" Al principio el elefante no se dio cuenta de la presencia del ratón. No resultaba extraño, pues el elefante es bien enorme y el ratón es una criatura enana. Después el elefante simuló que no lo oía, pero el ratón era muy persistente. Siguió gritando: "Eh, elefante, ¡sal del agua!" Al final, el elefante salió del agua con pocas ganas. Nada más salir el elefante, el ratón le gritó: "Es suficiente. ¡Ya puedes volver a meterte en el agua!"

El elefante estaba muy enojado. Con gran enfado, le preguntó al ratón: "¿Por qué me pediste que saliera?"

El ratón le contestó: "He perdido mi bañador y quería saber si te lo habías puesto tú."

Lo importante de esta historia es que nosotros no podemos comprender a Amma con nuestro intelecto limitado, como tampoco podemos imaginar que un elefante pueda ponerse el bañador de un ratón. Nuestra capacidad intelectual nunca será suficiente para comprender cuán grande es Amma o quién es ella. No deberíamos subestimarla porque tenga un cuerpo humano y sea tan humilde. Amma no está confinada en un cuerpo.

Hace unos pocos años, un grupo de devotos de Chennai visitaron el ashram. Me puse a hablar con ellos sobre Amma. Muchos devotos de aquel grupo se preguntaban cómo Amma podía dar *darshan* a tanta gente cada día. Yo les dije que, aunque Amma tenía un cuerpo humano como el nuestro, está realmente más allá del cuerpo. Y añadí que Amma estaba utilizando un cuerpo humano para interactuar con nosotros. Uno de aquellos devotos no estaba de acuerdo conmigo en esta cuestión. No estaba del todo convencido. Cuando tuvo la oportunidad de hablar con Amma, le preguntó: "Es cierto que los *Mahatmas* están más allá del cuerpo?" Amma sonrió y dijo: "Sí, es cierto." Sin embargo, ni siquiera entonces pareció estar convencido.

Un poco más tarde, el grupo de Tamil Nadu y algunos de los ashramitas estaban sentados alrededor de Amma y se pusieron a hablar con ella. De repente aquel hombre exclamó: "¿Dónde estás Amma? ¿Qué le ha sucedido a Amma?"

Todos estábamos sorprendidos porque podíamos ver claramente a Amma delante de nosotros. Pensamos que esa persona debía estar loca. Le preguntamos: "¿Qué sucede? ¿De qué estás hablando?"

No pudo hablar durante algún tiempo. Al final, completamente maravillado y extrañado, trató de explicar que el cuerpo de Amma había desaparecido de pronto ante sus ojos, y en su lugar había visto una masa de brillante luz. La luz era cada vez más brillante, cegando la vista. Finalmente, la luz se alejó y la forma de Amma reapareció. Esta experiencia convenció a ese hombre, que había sido escéptico, de que Amma no estaba en el cuerpo.

Este es el momento oportuno para esforzarnos, rezar y trabajar por su gracia. Deberíamos iniciar nuestra práctica espiritual ahora, sin perder nuestro tiempo. Cada segundo que pasa se pierde para siempre. Ninguna cantidad de dinero o esfuerzo puede hacer que vuelva ese tiempo.

Conozco una historia que resalta la importancia de no posponer nuestros esfuerzos. Esta historia trata sobre Karna, un rey que era bien conocido por su espíritu caritativo. Como era tan generoso, nunca decía que no a una persona que acudía a él en busca de algo. Una noche un anciano llegó al palacio de Karna para pedir alguna cosa. Como Karna estaba comiendo en ese momento, los guardias le impidieron entrar. El anciano era persistente y no aceptó irse del palacio hasta que le permitieran estar con el rey. Dijo: "Conozco al rey y si él me ve, seguro que me ayudará." Como no había manera de que se fuera el anciano, uno de los guardias fue a ver a Karna y le contó lo que sucedía.

Karna ordenó al guardia que lo trajera de inmediato. Karna ordenó a otro guardia que trajera de su tesoro algo que aquel anciano deseara. Cuando el guardia volvió con algunas joyas de valor, Karna, que estaba comiendo con su mano derecha, tomó con su izquierda las joyas y se las entregó inmediatamente al anciano. Algunos ministros estaban cenando con el rey, y cuando vieron lo que hacia Karna se preguntaron: ¿Por qué está el rey actuando de esta manera?"

Uno de los ministros de más edad dijo en voz alta: "Su majestad, ¿qué está haciendo?" Si estáis dando caridad, deberíais hacerlo con la mano derecha. Sobre todo si tenemos en cuenta que este hombre es un Brahmin."

En India existe la costumbre de no utilizar la mano izquierda para hacer cosas buenas. Los indios siguen la regla de utilizar sólo la mano derecha (aunque hay algunos zurdos), especialmente cuando ofrecen algo a Dios o hacen un donativo, sobre todo a un Brahmin. Karna dijo a sus ministros: "Como ya sabéis la mente es una embaucadora. Yo no sé qué va a pensar mi mente a continuación. Ahora siento que debo ayudarlo. Si espero un minuto a lavarme las manos, mi mente puede intentar engañarme diciendo: '¿Por qué tengo que entretenerme o ayudar a este anciano en este momento? Haz que espere o que venga otro día.' Por tanto, no debería posponerlo. Tengo que hacerlo en este mismo momento, porque el siguiente momento no está bajo mi control. Puedo exhalar mi último suspiro o el otro hombre puede morir, o puedo perder mi posición real o él puede cambiar de opinión e irse. Puede suceder cualquier cosa. Por eso se lo he dado inmediatamente."

De igual manera, nuestras mentes no están sometidas a nuestro control. En lugar de obedecernos la mente, somos nosotros los que la obedecemos a ella. Cuando sientas que tienes que hacer algo bueno, hazlo inmediatamente. Si lo pospones, es posible que no lo hagas nunca. Puedes posponer aquello que consideres malo, pues no tendrás ningún problema con eso. En este contexto, Amma nos cuenta una historia divertida.

Había un mono muy inteligente que vivía en un gran árbol junto a un templo. Muchos devotos acudían al templo desde la mañana hasta la noche. Se sentaban bajo el árbol que ocupaba el mono y, a veces, ayunaban como si el hacerlo formara parte de su ritual de adoración. Después de observar esto durante un tiempo, el mono pensó: "Por favor, Dios, todos están sentados bajo este árbol sin comer. ¿Por qué no puedo hacerlo yo también? Tal vez Dios me bendiga y pueda llegar a ser tan famoso como Hanuman (el mono rey), a quien los seres humanos adoran." Lo estuvo pensando durante unos cuantos días y, al final, decidió empezar a ayunar un día que fuera favorable. El día anterior a ese día favorable, pensó: "Mañana es el día de ayuno, ¡no lo olvides!"

Conforme se acercaba la noche, empezó a sentirse algo temeroso. Se dijo: "Nunca he ayunado en toda mi vida. Estoy acostumbrado a comer algo varias veces al día, y mañana tendré que ayunar durante todo el día. Tal vez me sienta cansado y mareado. Quizás ni siquiera pueda hablar. Lamentablemente, no hay frutos en este árbol, y tendré que ir lejos para conseguirlos. Tal vez sería mejor que estuviera cerca de un árbol frutal mientras ayuno."

Así que fue en busca de un árbol de abundantes frutos y se puso a dormir debajo de él. A mitad de la noche se despertó y, de nuevo, siguió pensando: "Mañana es mi día de ayuno, estaré tan cansado cuando lo haga que no tendré ni fuerzas para subirme al árbol. Este árbol es realmente alto. Dado que estaré realmente cansado y flojo después de todo mi día de ayuno, ¿qué sucederá si me caigo mientras trepo por el árbol en busca de fruta? Sería mejor trepar a lo más alto y sentarme en una rama, y no tendré que moverme mucho para conseguir alguna fruta."

Una vez allí, se volvió a dormir y cuando despertó se puso a pensar otra vez: "¿Qué sucederá si soy incapaz incluso de alargar mi brazo? Será mejor coger alguna fruta y tenerla aquí a mi lado." Se dedicó a recolectar alguna fruta y a colocarla en su regazo; pero, de esa manera, la tentación fue mucho mayor. Pensó: "Ahora está amaneciendo, pero por la noche estaré tan débil que no podré llevarme la fruta a la boca y masticarla. Sería bien triste tener que morir con la fruta madura en mi regazo. Hay demasiada distancia entre mi regazo y mi estómago, será mejor que la conserve en mi estómago más que tenerla sobre mi regazo. Quizás ayune el próximo día que sea favorable. Dejemos que transcurra este día como los demás." Tras pensarlo, engulló todo la fruta.

No hace falta decir que nunca fue capaz de ayunar.

No seamos como el mono de esta historia. Somos bien afortunados de tener a Amma con nosotros. Sin más demora, hagamos los esfuerzos necesarios para progresar por la senda espiritual. La presencia de Amma hará que nuestra práctica sea fructífera en muy poco tiempo. Dada su humildad, Amma no puede decir: "Estoy aquí. Si haces un pequeño esfuerzo en el camino espiritual, conseguiré que tengas resultados rápidos." En su lugar, ella nos lo indica de una forma indirecta. Nos dice: "Perfora un pozo junto a un río, y tendrás agua rápidamente."

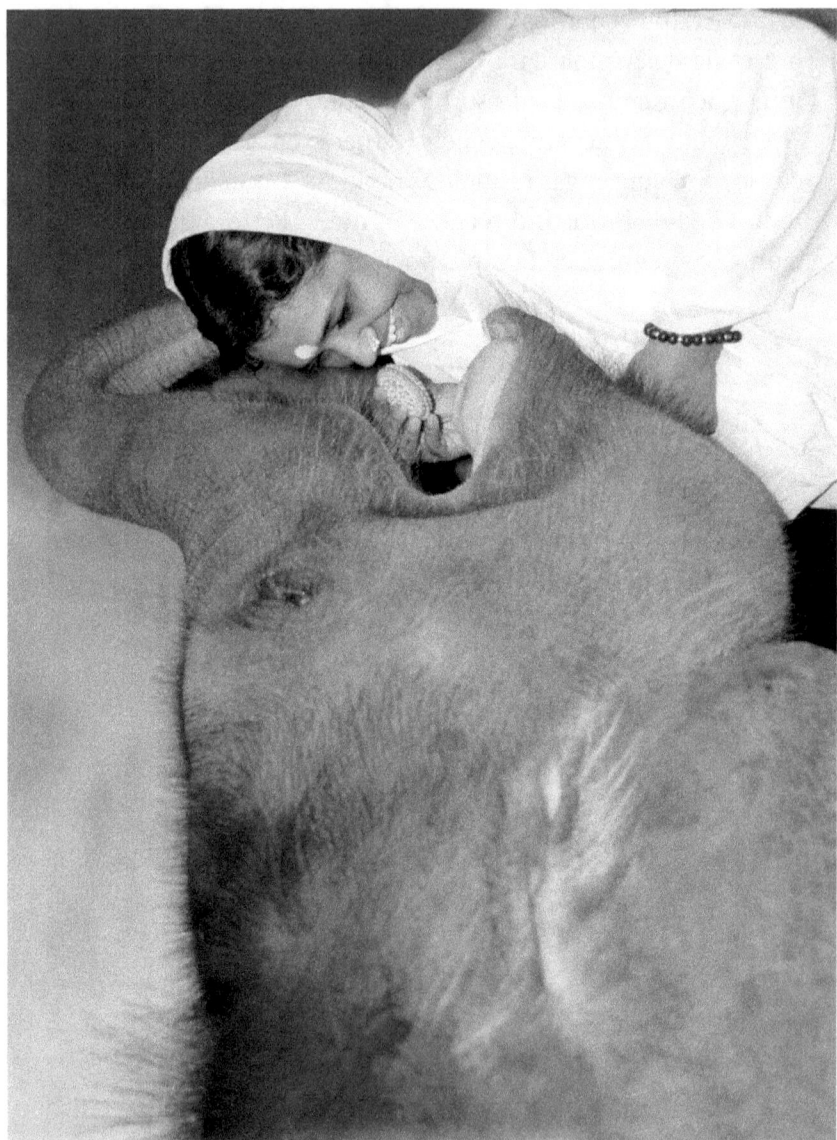

Capítulo 15

Purificar la mente

Sacrificio, caridad y penitencia

Para purificar nuestras mentes y hacer la vida provechosa, las Escrituras dicen que debemos hacer tres cosas cada día. El Señor Krishna las clasificó en la *Bhagavad Gita* como *yagna, danam* y *tapas*. La primera categoría es *yagna*, o adoración sin expectativas de beneficio personal. La segunda es *danam* (caridad), que consiste en desprenderse de las cosas a las que nuestra mente está más apegada. La tercera es *tapas* (penitencia), que consiste en hacer un esfuerzo consciente y continuo hacia nuestra elevación espiritual. El Señor Krishna dice también que estas acciones deben de realizarse sin apego a los resultados.

Yagna significa adorar o rezar a Dios puramente por gratitud, sin esperar ningún favor. Después de todo, le debemos nuestra vida a Dios. Para expresar nuestra gratitud, Amma dice que debemos adorar a Dios. Puede hacerse de diferentes formas como recitar los 108 ó 1.000 Nombres, recitar un *mantra*, meditar, cantar *bhajans* o leer textos sagrados.

También, cualquier actividad colectiva desinteresada, ya sea de servicio o de adoración, puede ser un *yagna*. En la antigüedad, grandes reyes y sabios solían dirigir varios *yagnas* en los que se desprendían de muchas de sus riquezas y transmitían sabiduría por caridad hacia los demás. Cuando Amma dirige una *puja* colectiva, es una versión moderna de un *yagna*.

Cualquier actividad colectiva de servicio realizada con un Maestro, ayuda a eliminar nuestro ego. Amma nos pone el siguiente ejemplo: si ponemos piedras con contornos afilados en una máquina y las hacemos girar rápidamente, los contornos afilados se redondearán, y las piedras se volverán suaves y brillantes. Similarmente, trabajar juntos en un ashram da muchas oportunidades a nuestros egos para que se froten entre ellos, y en ese proceso adquieran forma y suavidad. De ahí la importancia de estar en un ashram y hacer *seva* en ese entorno, especialmente si se cuenta con la presencia de un Maestro.

La segunda categoría es caridad (*danam*). Si puedes permitírtelo, ayuda a otros económicamente. Por ejemplo, si sabes de algún niño que no puede recibir educación por falta de dinero, o si sabes de algún huérfano o indigente, puedes ayudarlos económicamente. Pero Amma dice que la caridad no tiene que expresarse sólo con dinero.

Si no puedes proporcionar ayuda económica, es posible que tengas algunas habilidades o talento y puedas utilizarlos para ayudar a otros. Si eres fuerte físicamente, puedes hacer algún servicio en un templo, iglesia, hospital o residencia de ancianos. Según las Escrituras, transmitir conocimiento como acto de caridad (*jnana danam*), es la forma más alta de caridad porque siempre permanecerá en el que la recibe. Si en lugar de dar dinero, enseñamos a la gente cómo conseguirlo, ¿no será mejor? Así pues, la caridad puede expresarse por medio de nuestras habilidades, talento, fuerza física, dinero o conocimiento.

Importa mucho qué es lo que damos. Debería ser de utilidad para el que lo recibe. Dar cosas inservibles en nombre de la caridad no proporciona ningún mérito al que dona. La actitud con la que damos también es muy importante. Las Escrituras dicen, " Cuando das algo a los demás, deberías mantener cierta actitud mental. Primero, deberías tener el anhelo de dar incluso más, y no esperar nada a cambio. Segundo, deberías tener cuidado en no convertirte en un ser egoísta u orgulloso porque das. Tendrías que dar con un sentimiento de modestia, con la actitud de que la donación es escasa y que hay otros que dan incluso más. Finalmente, dar sabiendo que estás dando tu propio Ser, pues solo hay una única conciencia que lo abarca todo".

¿Qué mejor ejemplo necesitamos en relación al arte de dar, que Amma? Amma siempre dice que quiere ayudar a más y más gente. Nunca se siente orgullosa de lo que hace, porque para ella todos somos sus hijos, y una verdadera madre no se siente orgullosa porque los ayude. Simplemente, es feliz haciéndolo. Así pues, en Amma vemos la actitud ideal de dar.

Amma dice que la caridad es una manera de expresar nuestra gratitud a Dios. Deberíamos estar agradecidos a Dios por darnos oportunidades de servirle de diversas formas, y no deberíamos sentirnos orgullosos de nuestras obras caritativas. Si nuestros servicios no son apreciados o elogiados, no debemos pensar que la gente es desagradecida o que no nos dan el honor debido. Una actitud así no ayudará a nuestro crecimiento espiritual. Nuestra intención debería ser sólo la de ayudar a los demás todo lo que podamos, tanto si se muestran agradecidos como si no.

La tercera categoría es *tapas* (penitencia). En la antigüedad, la gente realizaba *tapas* muy severas, como mantenerse sobre una pierna durante horas, o incluso días, sin interrupción, sentarse bajo la lluvia y bajo el sol durante muchos días, sentarse en una cama de espinos o hacer ayunos muy prolongados. Actualmente, es impensable que se realicen *tapas* como los mencionados, pues casi nadie posee el temperamento necesario para llevarlos a cabo. Debido al ritmo de la vida moderna y a nuestra dependencia de tantos objetos y artilugios, se ha convertido en un tipo de *tapas* hasta la más sencilla forma de práctica espiritual. Así se valora como *tapas* el meditar regularmente por la mañana o por la noche, o recitar los 1.000 Nombres de la Madre Divina a diario.

La palabra *tapas* significa literalmente "creando calor". Las prácticas espirituales que crean calor, debido a la fricción de fuerzas opuestas en el interior de la mente, pueden ser denominadas *tapas*. Esforzarse hacia algo bueno también es *tapas*. Cultivar buenos hábitos como controlar la ira, ser paciente, no juzgar ni culpar a los demás, implica gran cantidad de esfuerzo interno. Se debe a que no estamos acostumbrados a practicar estas cualidades positivas, más bien hemos permitido que las cualidades negativas se desarrollen y crezcan tanto como quieran. Naturalmente, eliminarlas ahora nos va a costar un gran esfuerzo.

Había una vez un hombre que tenía el hábito de beber café a las siete en punto de la mañana y después meditar. Un día su mujer creyó que ya le había dado el café a su marido, así que se puso a hacer las labores domésticas. El marido estuvo esperando el café. Estaba muy enfadado. Pospuso su meditación y esperó el café hasta las siete y media, después hasta las ocho, las ocho y media... y su mujer no se lo traía. Finalmente llegó la hora de irse a trabajar y perdió su meditación. ¡En lugar de esperar que su mujer le trajera el café, podía haberse hecho el café él mismo! También podía haber meditado y después tomarse el café. Pero, de haberlo hecho así, ¡su meditación no tendría que ser sobre el café! Hacer cualquier cosa distinta a la habitual (esperar que su mujer le sirviera), le representaba un gran esfuerzo. Tuvo la oportunidad de practicar el espíritu de *tapas*, pero la dejó escapar.

Tomemos el caso de ducharse por la mañana temprano. Ducharnos por la mañana nos ayuda a sentirnos frescos y limpios. Por eso es bueno ducharse antes de meditar por la mañana y antes de hacer otras prácticas espirituales. Desafortunadamente, dada nuestra pereza y pocas ganas de madrugar, nuestra mente buscará muchas razones para evitar la ducha.

Amma dice que se puede empezar a practicar *tapas* a partir de cosas sencillas. Por ejemplo, dejando el hábito de tomar café, creando el hábito de ducharse por la mañana o de esperar a comer hasta recitar el décimo quinto capítulo de la *Bhagavad Gita*.

Practicar *tapas* es una valiosa herramienta que podemos utilizar para dominar nuestra mente. Amma dice que todos tenemos que practicar algún tipo de *tapas* en nuestra vida, incluso los cabezas de familia. Cuando un bebé llora y no se sabe la razón del llanto, calmar al bebé es una forma de practicar *tapas*.

Es posible que hayáis oído hablar del sistema de medicina ayurvédica. Más que la medicina en sí, también es muy importante la disciplina que debemos seguir después de tomar la medicina. Si queremos que los medicamentos ayurvédicos tengan el efecto deseado, tienen que evitarse determinados alimentos. Algunas veces, no nos gustan las restricciones dietéticas que el médico nos prescribe, pero si queremos que la medicina sea efectiva, debemos seguir su consejo. De la misma manera, si verdaderamente queremos obtener el máximo provecho de nuestras prácticas espirituales, es importante practicar sacrificio, caridad y penitencia.

El valor de la paciencia

Hace unos años una mujer vino a ver a Amma a Bélgica. Tenía muchos problemas físicos y estaba llorando mientras esperaba en la cola del *darshan*. Después del *darshan*, Amma le pidió que se sentara a su lado. Yo estaba haciendo de intérprete de Amma en ese momento. Al cabo de un rato, cuando la mujer se levantó para irse a casa, me pidió algo de *prasad* de Amma. Le pregunté a Amma, pero fue como si no se hubiera dado cuenta o no me hubiera oído. Le pregunté una segunda vez, pero Amma seguía sin responder. Finalmente, armándome de valor, se lo dije una tercera vez. "Amma, esta mujer quiere un poco de *prasad*." Amma me pidió que me callara.

En aquel momento, la mujer empezó a impacientarse. Parecía agitada y dijo, "Swami, por favor deme el *prasad*, pues tengo que irme." No tuve el valor de pedírselo a Amma de nuevo. La mujer esperó unos minutos más y después se marchó sin el *prasad*.

Unos cinco minutos más tarde, Amma se giró hacia mí y me dio el *prasad* (cenizas sagradas) para la mujer. Le dije a Amma que ya se había ido. Amma dijo, "Oh… esto hubiera solucionado sus problemas."

Yo sentí mucho que se marchara, pues si se hubiera esperado unos minutos más, se hubieran resuelto sus problemas. Era tan impaciente. En la presencia de un Maestro como Amma, la impaciencia y otras actitudes negativas pueden costarnos caro. Afortunadamente la mujer volvió al día siguiente para el *Devi bhava*. Inmediatamente fui a decirle: "No debía de haberse marchado tan rápido. Justo cinco minutos después de que se fuera, Amma me dio el *prasad*. La próxima vez que venga, trate de ser paciente y de pasar más tiempo con Amma." Esta vez, recibió el *prasad* de Amma. Cuando me encontré con esta señora al año siguiente, supe que su salud había mejorado.

Después de encontrar a Amma y de estar en su presencia, muchos de nosotros experimentamos un estado de calma y tranquilidad que puede darse también en nuestra mente. Esto nos ayuda a apreciar el valor de la Auto-Realización

Reverenciar los pies del Gurú

Igual que las nubes oscurecen el sol, en este momento nuestro Ser está oscurecido por el ego y por la negatividad. Pero Amma nos puede purificar. Ella es una purificadora de corazones. Cuando ofrecemos nuestro ser, el cual está cubierto por el ego y los apegos, éste pasa a través del "Amma-purificador" y regresa a nosotros como puro Ser. Normalmente, cuando la gente se postra ante Amma, ella toca sus cabezas y los bendice. Esto significa que cuando ofrecemos algo con amor y humildad a sus pies de loto, regresa a nosotros como bendición. Es un círculo perfecto.

Muchos lectores pueden preguntarse por qué adoramos los pies del Gurú. Algunos pueden preguntarse: "¿Por qué no adoramos la cabeza? ¿No es la cabeza la parte más importante del cuerpo?"

Al adorar los pies del Gurú, simbólicamente estamos adorando el conocimiento supremo y la Verdad, porque los Maestros están establecidos en el Auto-conocimiento, en la eterna Verdad. Sus pies representan los cimientos sobre los que se erigen o la tierra sobre la que están establecidos. Esta cimentación es *Atma Jnana* o Auto-conocimiento. Así que cuando nos postramos ante los pies de Amma, simbólicamente estamos adorando el Auto-conocimiento, la verdad que soporta la creación entera.

Cuando estamos delante de estos grandes Maestros, nos quedamos en silencio, sobrecogidos y admirados. Sentimos que somos totalmente insignificantes. Es parecido a estar delante de los Himalayas. Al ver la altura de esas montañas, nos quedamos abrumados; nos quedamos en silencio y humildes.

Postrarse ante los pies del Maestro, representa nuestra humildad y entrega. El verdadero espíritu de humildad y entrega puede crear el apropiado estado de ánimo para recibir la gracia y enseñanzas del Gurú. En respuesta, el Gurú nos moldea para convertirnos en alguien como él. Esa es la grandeza del Gurú. En la vida cotidiana nadie quiere que un subordinado llegue a tener un estatus igual al suyo. Pero un Maestro es diferente. El Maestro quiere que todos sus discípulos obtengan el mismo estado de Auto-realización que él experimenta. Sucede así porque el amor de un Maestro no se basa en las condiciones ni en la preparación del discípulo. No hay nada en el mundo comparable a este amor.

Gratitud

Como devotos, estamos agradecidos a Amma. Ella ha cambiado nuestras vidas radicalmente. Su influencia va desde la forma en que recibimos a nuestros amigos, afecta a nuestros hábitos alimenticios y llega hasta el crecimiento espiritual y emocional que estamos experimentando. Ahora, cuando nos vemos, no decimos "hola", sino "Om Namah Shivaya". Esta forma de saludo conlleva un significado trascendente: "Me postro ante el Ser auspicioso."

Decir esto nos ayuda a contemplar a un mismo Dios en cada ser humano. En cada aspecto de nuestras vidas sentimos la presencia de Amma y los cambios que Amma ha creado en nosotros. Podemos haber cambiado o no nuestro estilo de vida, pero nuestra actitud y perspectiva vitales han cambiado mucho. Sobre todo, Amma nos ha dado un vislumbre de nuestro propio Ser.

Aunque Amma no espera que nos sintamos agradecidos, el sentir agradecimiento nos ayudará a sintonizar con ella y a permanecer abiertos a su gracia y bendiciones. Este agradecimiento significa ser conscientes de cada pequeño detalle afectuoso que recibimos de Amma y también del mundo.

Cuando sentimos sincera gratitud hacia alguien, el ego empieza a perder importancia. Se dice que la gratitud es el medio de atraer la compasión de Dios así como el perdón hacia uno mismo.

Cuando sentimos gratitud hacia alguien, no hay necesidad de comparar lo que hemos hecho por esa persona con lo que ella ha hecho por nosotros. Una vez que has hecho algo bueno, olvídalo. Recuerda solo las cosas buenas que otros han hecho por ti. El ego puede incluso aparecer mientras hacemos buenas obras, por tanto conviene no ponerse a valorar las cosas buenas que hemos hecho por los demás, e igualmente no olvidarnos de aquello que hemos recibido. La meta final de todas nuestras prácticas espirituales es la eliminación del ego.

Recuerdo una historia sobre un sacerdote. Un día, tuvo una experiencia especial y fue bendecido con la gracia de Dios. Esa tarde, mientras estaba de pie frente al altar, rezó a Dios "Oh Señor, te estoy profundamente agradecido. Tu compasión y gracia son inmensas, mientras que yo no soy nada. En tu presencia soy solo una insignificante criatura."

Mientras oraba así, el viejo conserje oyó sus palabras y también se puso a orar en voz alta, "Oh Señor, yo no soy nada, Soy una criatura insignificante sobre la que has derramado tu compasión."

Cuando el sacerdote oyó esto, se molestó mucho. Pensó, "¡También se cree insignificante y que no es nada! ¡Tiene la osadía de considerarse igual que yo!"

El ego es muy sutil. Nos hará creer que somos la persona con menos ego del mundo. Lo que ese sacerdote sentía no era gratitud, tan solo era una máscara de su ego.

Hay una historia de un muchacho que cayó a un río y no sabía nadar. Aunque luchaba contra la fuerte corriente e intentaba volver a la orilla, apenas avanzaba y parecía que se iba a ahogar. Al ver su angustiosa situación, un hombre que era muy buen nadador saltó a las impetuosas aguas y rescató al muchacho. Cuando estaba sano y salvo en la orilla, el muchacho expresó su sincera gratitud." Muchas gracias por salvar mi vida," dijo.

"No necesitas agradecérmelo," respondió el hombre. "Simplemente haz que tu vida haya valido la pena salvarla."

De igual forma, Amma no quiere nuestro agradecimiento. En su lugar, expresemos nuestra gratitud a Amma a través de nuestras acciones, palabras y pensamientos. Solo entonces podremos, en buena medida, pagar a Amma lo que está haciendo por nosotros y por lo que nos ha dado.

Capítulo 16

El barrendero del mundo

Barriendo nuestras mentes

El 29 de agosto del 2000, cuando Amma salió de la Sala de la Asamblea General de las Naciones Unidas, después de ofrecer su importante discurso en la Cumbre por la Paz con motivo del nuevo milenio, concedió a los medios de comunicación la posibilidad de que le hicieran preguntas durante una conferencia de prensa. Uno de los periodistas le preguntó qué haría si fuera elegida líder del mundo. Amma dijo, "No quiero ser el líder del mundo, pero me gustaría ser una barrendera. Me gustaría barrer y limpiar las mentes de todos."

Podemos pensar que nuestras mentes están limpias y que Amma sólo necesita barrer las mentes de los demás, pero sólo cuando afrontamos circunstancias difíciles obtenemos un vislumbre de la verdadera naturaleza de nuestra mente.

Amma cuenta una historia sobre un hombre de mucho éxito. Poseía dinero y fama, pero también tenía muchos enemigos que sentían celos de su éxito. Un día cuando salió para dar un paseo, el perro del vecino le mordió. Como era un cachorro, el hombre pensó que no había peligro de rabia, y no fue a ninguna consulta médica. Algunos días después, se sintió enfermo y fue al médico. Éste le dijo: "Es demasiado tarde para usted. El perro que le mordió tenía la rabia, y su vida está en peligro." Tras oír aquellas palabras, el hombre sacó de su maletín su bloc de notas y empezó a escribir algo. Entonces el doctor se sintió arrepentido. Pensó que no le debía haber dicho que su vida corría peligro. Hubiera sido mejor intentar consolarlo. El doctor pensó: "Tal vez esté escribiendo su testamento." Con la intención de animar a su paciente, el doctor le dijo: "No se preocupe, tenemos algunas de las últimas medicinas e intentaré salvar su vida. No pierda la esperanza. No es necesario que escriba su testamento todavía."

El hombre miró al médico y dijo: "Doctor, no estoy tan loco como para escribir mi testamento. Usted sabe que cuando te muerde un perro que tiene la rabia, uno puede ser portador de esa mortífera enfermedad."

"Sí, y ¿qué me quiere decir?", preguntó el doctor.

El hombre continuó: ¡Estoy haciendo una lista de la gente a la que quiero morder!"

Si somos perfectamente puros, entonces Amma no necesitará barrer y limpiar nuestras mentes, pero la mayoría necesitamos sus humildes servicios.

El maestro prevé el futuro

Cuando vine al ashram por vez primera, tenía mis propios planes para el futuro: quería conseguir un buen empleo, casarme con una rica y hermosa mujer, construir una casa grande, etc. En aquellos primeros días, durante un *Devi bhava*, Amma me señaló y le dijo a otro devoto: "Ve y siéntate al lado de aquel *brahmachari*." Yo estaba sorprendido de oír a Amma hablar de mí como si yo fuera un *brahmachari* porque ni siquiera había soñado en convertirme en *brahmachari*. Pensé que tal vez Amma no fuera tan conocedora de todo, tal como la gente aseguraba. Pensé que Amma estaba totalmente equivocada en su predicción.

Tres años más tarde, el banco en el que trabajaba aceptó mi petición de traslado a mi ciudad natal. En realidad, la razón por la que había ido a ver a Amma aquella primera vez era para obtener su bendición y conseguir, así, un rápido traslado a mi ciudad natal. Cuando se hizo realidad mi traslado, me di cuenta de que probablemente también se haría realidad lo que Amma había dicho sobre hacerme *brahmachari*.

Después del traslado, cada día que pasaba en el banco me parecían años. Sentía que no podía trabajar allí. No me podía concentrar y cometía muchos errores en mis cuentas. Mis superiores se preguntaban qué me pasaba. Sentía un gran vacío en mi vida. Sólo entonces, al sentirme separado de Amma, comprendí la fuerza de su amor incondicional. Pensé que me iba a convertir psicológicamente en una marioneta si no iba a ver a Amma inmediatamente. Así que dejé el banco y mi ciudad natal, y corrí al ashram sin comunicarlo a mis superiores ni solicitar una excedencia.

Amma me aconsejó que volviera a mi trabajo y que obtuviera un traslado a una sucursal cercana al ashram. Tuvieron que pasar unos cuantos años más, antes de que Amma me permitiera abandonar mi trabajo.

Finalmente regresé al ashram de nuevo tras obtener el traslado a una pequeña ciudad llamada Karunagappally, cercana al ashram. Durante el tiempo que estuve trabajando en mi ciudad natal, mis padres pensaron que había recuperado el sentido común y que pronto olvidaría, de una vez por todas, al ashram y a Amma. Cuando solicité el traslado y regresé al ashram, se enfadaron mucho. Una vez más empezaron a pensar en cómo conseguir que regresara a casa.

Mi abuelo materno vino a verme y me tentó diciéndome que si volvía a casa me compraría un coche nuevo y una bonita casa. De alguna manera conseguí que se marchara, diciéndole que le estaba muy agradecido por su generosa oferta y que pensaría intensamente en ello.

Algunos meses más tarde, recibí una carta de casa en la que me comunicaban que mi madre estaba seriamente enferma en el hospital y que debía acudir inmediatamente. Cuando leí esa carta, me quedé preocupado. Así que llevé la carta a Amma y le traduje su contenido. Amma escuchó pacientemente, pero no dijo nada. Yo me estaba impacientando porque quería que me diese una respuesta definitiva. Pasado un tiempo, le recordé a Amma la carta. En un tono ligeramente irritado, me pidió que me callara. Me puse más inquieto y agitado. Incluso pensé que Amma debía tener alguna intención egoísta, pues no me daba una respuesta ni me dejaba ir a casa.

Por aquel entonces no entendía que cuando un Maestro no responde a una pregunta, el discípulo debe desistir sin armar ningún escándalo. Decidí preguntar de nuevo a Amma al día siguiente. Cuando le pedí una respuesta sobre la carta, se puso muy seria y me dijo: "Ramakrishna, quiero decirte la verdad, tanto si te gusta como si no. No tengo nada que ganar manteniéndote aquí en el ashram. Me resulta indiferente tanto si te quedas como si no."

"Primero, no creo que tu madre esté tan enferma como piensas. Realmente se siente triste de que tú estés en el ashram. Todo irá bien. Si vas a casa ahora, es posible que no vuelvas más por aquí. Por otra parte, si te vas, estás echando a perder las posibilidades de que tus padres se acerquen a la espiritualidad. Puedes decidir lo que quieras hacer. Yo sólo te estoy indicando las consecuencias."

Esta es la belleza de los Maestros. No nos forzarán a hacer nada. Están llenos de amor. El amor no puede forzar, tampoco el amor puede ser violento. El amor solo puede ser suave y tierno. En la *Bhagavad Gita*, aparecen todos los consejos (más de 700 versículos) que el Señor Krishna dio a Arjuna en el campo de batalla. Después de explicar y de contestar todas las preguntas de Arjuna y de aclarar sus dudas, Krishna le dice a Arjuna: "Te he dicho todo lo que tenía que decirte. Ahora puedes hacer lo que quieras." ("*Yadecchasi tadha kuru.*")

Una vez escuchada la respuesta de Amma, decidí no ir a casa, porque no quería estar lejos de Amma, ni ser la causa de que mis padres no se acercaran al camino espiritual. Como Amma había predicho, todo salió bien. No hubo problemas serios con la salud de mi madre. No obstante, mis padres se sintieron todavía más molestos, porque les parecía que había decidido no ir a casa incluso habiéndome dicho que mi madre estaba seriamente enferma.

Finalmente, formularon una denuncia en la comisaría de policía, diciendo que estaba teniendo problemas mentales y que el ashram me retenía por la fuerza y me estaban explotando. Se presentaron algunos policías para investigar la denuncia. Cuando los aldeanos vieron llegar un grupo de policías al ashram, se congregaron alrededor esperando que se produjeran noticias sensacionalistas. Pronto descubrí que la policía había venido a buscarme al ashram. El jefe de policía me hizo algunas preguntas y, finalmente, me pidió que acudiera al día siguiente al cuartel de la policía.

Cuando me presenté en el cuartel, se llevó a cabo una investigación en presencia de mi padre. Contesté a todas las preguntas del oficial de policía satisfactoriamente y le convencí de que estaba en el ashram por mi propia voluntad, y no por la coacción de nadie ni por la fuerza. Finalmente decidió archivar la denuncia. Le dijo a mi padre que yo estaba bien, y le explicó que la policía no podía obligarme a abandonar el ashram.

Regresé al ashram y le conté todo lo sucedido a Amma. Me sentía afligido por mi padre, pero también estaba enfadado con él por haber provocado la presencia de la policía en el ashram. Los aldeanos habían empezado a lanzar rumores sobre la visita de la policía al ashram. Le pedí a Amma que me asegurara de que mi padre no repetiría esta acción en el futuro. Pero Amma sólo expresó amor por mis padres. Ella no se sentía en absoluto molesta con ellos. Me pidió que no siguiera enfadado con mis padres. Me dijo que mi padre vendría un día al ashram, se haría devoto y exhalaría su último suspiro con los Nombres divinos en sus labios.

Una vez más dudé de las palabras de Amma. No me podía imaginar a mi padre viniendo al ashram, y menos convertirse en devoto, porque él y mi madre estaban muy enfadados con Amma.

Después de un par de años, mi padre y unos cuantos familiares vinieron al banco donde trabajaba. Hicieron que escribiera otra petición de traslado a las autoridades del banco para que me destinaran de nuevo a mi ciudad natal. Como no quería provocar un escándalo en el banco, en presencia de tantos clientes, firmé la carta pensando que, una vez se hubiera ido mi padre, cancelaría mi petición de traslado. Por lo tanto, esa misma tarde presenté otra carta pidiendo que anularan mi petición anterior.

Regresé al ashram y le expliqué a Amma lo que había sucedido en el banco. Amma dudaba sobre si las autoridades tendrían en cuenta mi segunda carta (la carta pidiendo la cancelación de la solicitud de traslado). Así que Amma me aconsejó que enviara otra carta para estar seguro de que mi petición se anularía. Le dije a Amma que no era necesario pues ya había entregado una carta así. No quería enviar una carta detrás de otra. Muy pronto tuve que pagar un alto precio por tomarme las palabras de Amma a la ligera y no hacer lo que ella me había dicho. A los pocos meses llegó mi orden de traslado, y se me ordenaba incorporarme a la nueva sucursal de inmediato. De alguna manera mi padre había conseguido una rápida orden de traslado para mí. Más tarde, Amma me dijo que mi carta pidiendo la cancelación de mi petición de traslado no había llegado a las autoridades y que por eso había querido que mandase otra carta más.

Yo estaba otra vez molesto y enfadado con mi padre, pero Amma decía que no tenía sentido enfadarse con mi padre porque había sido yo el que había cometido la falta. Tenía que admitir mi error, pero le recordé a Amma que mi padre todavía no había venido al ashram ni se había convertido en su devoto como ella había predicho algunos años atrás. Si lo hubiera hecho, no se habría dado este problema. Amma dijo que realmente vendría al ashram, y que yo debía tener paciencia.

Yo quería renunciar al banco inmediatamente puesto que no quería ir a la nueva sucursal. Amma insistió en que solicitara un largo permiso, en lugar de renunciar. Solo después de algún tiempo me permitió renunciar. Finalmente, el problema del traslado se solucionó de una vez por todas.

Un día, para mi sorpresa, casi ocho años después de que Amma dijera que mi padre vendría al ashram, se presentó para ver a Amma. Después de su primer *darshan* con Amma, cambió completamente. Comenzó a visitar el ashram frecuentemente y se inició con el *mantra* de Amma. Así que lo que Amma había dicho de él, se hizo realidad.

Respecto al hecho de que los *Mahatmas* conocen la verdad sobre el futuro, Amma dice. "Lo que un *Mahatma* dice, puede ser verdad o no en el momento que lo dice, pero se hará realidad porque los *Mahatmas* están establecidos en la Verdad." No solo hablan la verdad, sino que la verdad sigue a sus palabras.

Un día mi padre vino al ashram para recibir la bendición de Amma durante el *Devi bhava*. Después de su *darshan*, salió del estrado y se sentó en la sala para recitar los 108 Nombres de Amma. Cuando salía del templo, se sintió mareado y se sentó de nuevo. Pidió agua, se la bebió y en unos cuantos minutos dio su último aliento sin ninguna dificultad. Más tarde, el devoto que le dio el agua me dijo que mi padre estaba recitando los Nombres de Amma. También mantenía el *prasad* de Amma en sus manos. Así que, lo que Amma dijo sobre él se hizo realidad hasta el más mínimo detalle. Amma confirmó que estaba recitando el *mantra* de Amma cuando murió. Ella dijo que él no tendrá que nacer de nuevo. Él se había fundido en ella. Aunque yo estaba triste cuando me enteré de su muerte, me sentí feliz de que hubiera muerto recitando los Nombres de Amma y de que no tuviera que nacer de nuevo.

Después de algunos años, mi madre también vino al ashram, y ahora es una de las residentes del ashram. Dice que está muy feliz de estar con Amma y que no tiene necesidad de preocuparse por sus hijos, nietos y otros miembros de la familia porque todos se han hecho devotos de ella, y Amma cuidará de ellos.

La vida en el ashram

Generalmente se piensa que no es apropiado seguir un camino espiritual cuando se es joven. La gente cree normalmente que la vida espiritual o la vida de ashram se debería llevar sólo después de la jubilación o en un periodo más tardío de la vida. Este concepto es incorrecto. Las Escrituras dicen que si estás desapasionado por la vida mundana y sientes una inclinación espiritual, puedes tomar el camino espiritual incluso a una edad temprana. Más que la edad de una persona, lo que importa es el desinterés por las cosas mundanas, y tener un sincero deseo de conocer la Verdad. Después de la jubilación, una persona puede que no se pueda adaptar físicamente a una forma de vida espiritual. A esa edad puede ser muy difícil sentarse en una postura adecuada para meditar, o encontrar la energía para servir a otros.

Cuando hombres y mujeres jóvenes deciden unirse al ashram de Amma en la India, algunas veces se encuentran con la oposición de sus familias. Generalmente, las familias están mucho más unidas en la India que en Occidente. Mientras que los jóvenes de países occidentales a menudo dejan sus hogares a los dieciocho años, en la India normalmente viven con sus padres hasta que se casan. No es extraño ver a una persona soltera de cuarenta años viviendo en casa de sus padres. Incluso después de casados, muchas parejas continúan viviendo en la casa de los padres del marido.

Una de las principales razones por las que mis padres no querían que me uniera al ashram, aparte de su amor y apego hacia mí, era que yo era el primogénito. Normalmente, en la tradición hindú, es el hijo mayor el que comparte la responsabilidad de la familia con el padre. Cuando el padre o la madre mueren, es el hijo mayor el que lleva a cabo los ritos funerarios y los ritos ancestrales. Además, yo tenía dos hermanas casaderas. Mis padres estaban preocupados de que nadie quisiera casarse con ellas si sabían que el hijo mayor se había hecho monje. Por supuesto, mucha gente respeta a los monjes, pero puede que no quieran que nadie de su familia se haga monje. Mucha gente piensa que, si alguien se hace monje a una edad joven, debe ser porque hay algo que no va bien en él o en la familia.

Imaginemos que alguien se casa. Se hará cargo de una familia de cuatro o cinco miembros. Pero si una persona ingresa en un ashram, podrá servir a un círculo de gente mucho más amplio. Amma da el ejemplo de un coco. Si utilizamos un coco para cocinar, se lo comerán unas cuantas personas. Si, en vez de eso, usamos ese coco para que crezca un cocotero, obtendremos muchos otros cocos, que aprovecharán a mucha más gente. Con estos cocos también se pueden plantar más cocoteros, produciendo una cosecha mayor.

Cuando hombres y mujeres ingresan en el ashram para convertirse en *brahmacharis* o *brahmacharinis*, su amor se hace expansivo. El ejemplo viviente de Amma los anima a convertirse en seres cada vez más desinteresados.

Vivir en un ashram, especialmente con un gran maestro como Amma, realmente tiene un efecto positivo: la gente se hace más disciplinada y desarrolla muchas cualidades buenas. Si los padres están verdaderamente interesados en la felicidad y en la formación del carácter de sus hijos, no hay ninguna razón para desalentarlos si desean vivir en el ashram de Amma.

El ashram no enseña nada perjudicial. De hecho, muchos de los que vienen se transforman y comienzan a llevar una vida honrada, que de otra forma podían no haberlo hecho. De esta manera, mucha gente que podía constituir un problema para sus padres y la sociedad, son puestos en el camino correcto por Amma.

En mi caso, como me quedé en el ashram, en vez de volver a mi casa con mi familia, mis padres vinieron a ver a Amma. De esa forma, conocieron a Amma y se beneficiaron enormemente, aunque al principio se sintieran tristes y molestos. Ellos no hubieran recibido estos beneficios si yo hubiera vuelto a casa a vivir con ellos.

Mucha gente pregunta a los *brahmacharis* si es correcto ir a vivir al ashram sin preocuparse de los padres. Amma dice a los *brahmacharis*: "Si no hay nadie que cuide de tus padres, el ashram puede cuidar de ellos. Tráelos aquí." Aunque los hijos adultos se queden con sus padres, ¿cuántos cuidan adecuadamente de ellos cuando envejecen? Y una vez que los hijos se han casado, ¿los seguirán cuidando? También, hay muchos hijos adultos en la India que van al extranjero a trabajar. Puede que visiten a sus padres una vez cada varios años, pero los padres no encuentran nada malo en ello.

Amma sabe que los padres, por el apego que tienen hacia sus hijos y las expectativas que ponen en ellos, no siempre ven con buenos ojos que sus hijos se unan al ashram. No entienden los beneficios potenciales que se producirán a la larga, y no sólo en sus hijos, sino en toda la sociedad. Algunos puede que digan que al ingresar en un ashram, los jóvenes no cumplen con su *dharma* familiar y social. Esas mismas personas no tienen en cuenta el hecho de que los aspirantes espirituales también tienen su *dharma* y que, a veces, éste puede estar en un plano más elevado o incluso más importante que otro *dharma*, que puede conducir hacia una vida de servicio y hacia una práctica espiritual, beneficiando finalmente al mundo.

Supongamos que una persona está en el ejército y, de repente, estalla la guerra. A pesar de lo que pueda amar a su esposa e hijos, tendrá que alejarse de ellos y luchar en la guerra porque ese es su *dharma*. Incluso tendría que renunciar a su vida si la situación lo requiriese. En esa situación, su deber hacia su país es más importante que sus deberes hacia su familia. De esta forma, y dependiendo de la situación, un *dharma* es más importante que otro.

Por supuesto que la vida espiritual no es solo para *brahmacharis* y *brahmacharinis*. Hay también muchos padres de familia viviendo en Amritapuri. Maridos, esposas e hijos están dedicando sus vidas a una práctica espiritual y a un servicio al mundo. Hay muchos que no pudiendo vivir en el ashram de continuo pasan allí tanto tiempo como pueden. Y hay muchos devotos de Amma por todo el mundo, sirviendo a Amma en sus comunidades por medio de los ashrams, centros y grupos de *satsang*, intentando convertir cada una de sus acciones en una adoración a Amma. A través de aportaciones económicas y trabajo duro, los hijos de Amma, padres de familia, ayudan a mantener el ashram y muchas de sus actividades caritativas. Amma dice que a veces son éstos los que, inmersos en responsabilidades mundanas, no pueden pasar mucho tiempo con ella. Ellos son los que realmente disfrutan de su presencia interior, ya que sus corazones están llenos de anhelo y sus mentes siempre moran en ella.

Tanto si una persona es un *brahmachari* o un padre de familia, mientras tenga un sincero anhelo por alcanzar la meta y les guíe un *Satgurú* como Amma, podrá alcanzar la Auto-realización.

De hecho, muchos santos de la antigüedad y sabios fueron padres de familia. El avanzar por el filo de la navaja depende de cada uno de nosotros, con independencia de dónde estemos y de lo que estemos haciendo.

Una bendita oportunidad

"Quiero que mi vida sea como una varita de incienso que se quema así misma dando fragancia al mundo. Quiero dar mi último aliento limpiando las lágrimas de alguien y consolándolo sobre mis hombros".

— Amma

Amma vive su vida entera, día y noche, preocupada por el bienestar de sus hijos, Siempre quiere pasar su tiempo con nosotros y para nosotros. Durante los 25 años que he pasado con Amma, puedo contar con los dedos de mis manos los días que no ha dado darshan. Viaja por todo el mundo y nunca se toma unas vacaciones, ni se dedica a visitar lugares de esparcimiento o entretenimiento.

Amma duerme como máximo una o dos horas al día, y no importa en qué lugar del mundo esté. A menudo no duerme nada, Cuando no está dando darshan, está atendiendo las necesidades de su creciente red de instituciones benéficas y otras instituciones. Mantiene reuniones con personalidades del gobierno y otros dignatarios que solicitan su audiencia. Dirige a sus hijos cantando bhajans cada noche y aconseja a los más de 2000 residentes del ashram en su progreso espiritual y en sus problemas personales. Incluso después de todo eso, no acaba ahí su día. Cada día se pasa horas leyendo cartas de sus devotos. Cuando un periodista en Nueva York le preguntó a Amma sobre el secreto para no cansarse, incluso después de dar darshan a los devotos durante horas, Amma dijo: "Estoy conectada a la fuente eterna de energía y no a una batería que pierde su energía cada vez que se usa."

Amma dice que quiere aliviar el dolor y sufrimiento de todo el mundo. Pero, como no es físicamente posible para ella ayudar y consolar a cada persona del planeta, quiere que cada uno de nosotros nos convirtamos en sus manos, y lleguemos a todos ellos. En realidad, Amma quiere que cada uno de sus hijos se convierta en otra Amma, derramando la luz de amor incondicional y compasión por el mundo. Dice que quiere que crezcamos tanto que incluso el viento que toque nuestro cuerpo sea beneficioso para otros. Cada momento de su vida lo dedica a esta meta.

Como hijos de Amma. Estamos bendecidos de ser contemporáneos de Amma y de tener fe en ella.

Es nuestra responsabilidad y nuestra alegría hacer que esta fe sea cada vez más fuerte. Recordad constantemente la serie de experiencias positivas que habéis tenido con Amma y así podréis reforzar vuestra fe en ella. Cada experiencia conlleva un mensaje diferente para nuestra vida.

La simplicidad y humildad de Amma oculta su grandeza. Su amor puro nos hace sentirnos tan cómodos y tan familiares que la tomamos por una persona normal. De vez en cuando, como el rayo de un relámpago, recordamos su grandeza. Otras veces tenemos que contemplar y meditar en su divinidad. De lo contrario, su amor maternal y el cuidado y preocupación que nos demuestra puede fácilmente exaltarnos. Necesitamos este amor y afecto para nuestro crecimiento espiritual, pero si nos exalta, hay una posibilidad de que perdamos su grandeza. Como Arjuna que durante mucho tiempo tomó a Krishna como un simple amigo. Ante los ojos mundanos, Amma parece ser sólo un amoroso ser humano. Amma utiliza esta apariencia para disimular su grandeza. Aunque Amma actúa como si fuera inconsciente de muchas cosas, lo sabe todo. Amma ha demostrado esto en muchas ocasiones. En realidad, es la reencarnación de Parashakti, la Fuerza Suprema, la Madre Divina del Universo.

Intentemos hacer uso de esta magnífica oportunidad. Consigamos o no alcanzar la meta de la Auto-Realización en esta vida, siempre permanecerá el progreso espiritual que hagamos. Si, por casualidad, no logramos la meta en esta vida, podemos empezar en nuestra vida siguiente allí donde nos quedamos en ésta, pues no tenemos que empezar de nuevo desde el principio. Así que recordemos a Amma con amor y anhelo, y persistamos en nuestras prácticas espirituales con paciencia, entusiasmo y fe optimista. De esta forma, tanto si estamos físicamente cerca o lejos de ella, podremos sentir siempre la presencia de Amma y, finalmente, fundirnos en sus pies de loto.

¡Om Amriteswaryai Namaha!

Glosario

adharma – Falta de rectitud. Lo opuesto a *dharma*.

adhi bhautikam – Perturbaciones que experimentamos del mundo que nos rodea.

adhi daivikam – Perturbaciones que proceden de fuerzas naturales.

adhyatmikam – Perturbaciones que proceden de nuestro interior.

Advaita – La filosofía de la no-dualidad.

ahamkara – Ego o "el sentido de una existencia separada del resto del universo."

Arjuna – El tercero de los cinco hermanos Pandavas. Fue un gran arquero y héroe de la epopeya *Mahabharata*. Krishna le transmitió la *Bhagavad Gita*.

artta – Personas que sufren.

artharthi – Personas que buscan riquezas o complacer todos sus deseos.

asana – Postura de *hatha yoga*.

Atman – El Ser o la Conciencia.

Atma jnana – Conocimiento del Ser.

AUM – También "Om." Según las Escrituras védicas, es el sonido primordial del universo. Todos los otros sonidos surgen de Om y vuelven a integrarse en Om.

avadhut – Santo cuyo comportamiento no sigue las reglas ni normas sociales.

Ayurveda – El sistema tradicional de medicina de la antigua India.

Bhagavad Gita – "La Canción del Señor." Bhagavad = del Señor; gita = canción. Las enseñanzas impartidas por el Señor Krishna a Arjuna durante la batalla de Kurukshetra, al principio de la Guerra Mahabharata. Se trata de una guía práctica para la vida diaria y contiene la esencia de la sabiduría védica.

Bhagavatam – Libro que describe la vida de las diez Encarnaciones del Señor Vishnu, especialmente la de Krishna y sus travesuras infantiles. Sostiene la supremacía de la devoción como camino hacia la unión con Dios.

bhajan – Canción devocional.

bhakti – Devoción espiritual y amor.

bhava – Modo divino o actitud (ver *Devi bhava*).

bhiksha – Limosna.

Bhishma – Abuelo de los Pandavas y Kauravas. Aunque luchó del lado de los Kauravas durante la Guerra Mahabharata, fue un gran defensor del dharma y mostró simpatía hacia los victoriosos Pandavas. Después de Krishna, es el personaje más importante de la epopeya *Mahabharata*.

bhoga – Disfrute de los placeres sensoriales.

brahmachari – Discípulo célibe que lleva a cabo una disciplina espiritual y que suele ser formado por un maestro espiritual. Brahmacharini es el equivalente femenino.

Brahmasthanam, templos – Surgidos de la divina intuición de Amma, estos templos únicos son los primeros en presentar varias deidades en un simple icono. Está formado por cuatro caras que muestran a Ghanesa, Shiva, Devi y Rahu, con lo que se pretende enfatizar la inherente unidad que subyace en los múltiples aspectos de la Divinidad. Actualmente hay dieciséis de estos templos en toda la India y uno en Isla Mauricio.

Brindavan – El lugar de la infancia del Señor Krishna en donde se desarrolló gran parte de su *lila* (juego divino).

chapatti – Pan delgado y redondo, parecido a una tortita.

danam – Caridad.

darshan – La visión o audiencia con la Divinidad o con una persona santa.

Dipavali – "Festival de Luces," también denominado Diwali. Principalmente se celebra el regreso de Rama a Ayodhya después de catorce años de exilio, pero también tiene otras asociaciones. En algunas partes de la India, es una celebración de Lakshmi, Saraswati y Durga. Significa la victoria de la luz sobre la oscuridad.

Devi – Diosa. La Divina Madre.

Devi bhava – "El Divino Modo de Devi." El estado en el que Amma revela su unidad e identidad con la Divina Madre.

dharma – En sánscrito, *dharma* significa "aquello que sostiene (la Creación)." Se utiliza mucho más comúnmente para referirse a aquello que mantiene la armonía del universo. Otros significados incluyen: rectitud, deber, responsabilidad.

gopi – Las gopis eran pastoras de vacas y lecheras que vivían en Brindavan. Eran las más fervientes devotas de Krishna, y eran famosas por su suprema devoción al Señor. Ellas son ejemplo del amor más intenso hacia Dios.

Guha – El barquero que condujo a Rama a través del Ganges.

Haridwar – Ciudad de peregrinaje sagrado situada a los pies del Himalaya.

Janaka – Rey de la antigua India, famoso por ser Auto-Realizado y no dejar nunca el deber mundano de gobernar su reino.

japa – Repetición de un *mantra*.

jijnasu – Persona que está sinceramente interesada en el conocimiento, especialmente de la Verdad o de Dios.

jnana danam – Dar conocimiento como caridad.

jnani – Una persona que ha realizado a Dios o al Ser. Aquel que conoce la Verdad.

Kalari – Pequeño templo en el que Amma solía celebrar los *Krishna* y *Devi bhava* en los primeros años del ashram, y donde todavía se celebran *pujas* a diario.

karma – Acción u obra. También la cadena de efectos que producen nuestras acciones.

Karna – Rey de la epopeya *Mahabharata*, está considerado como una de las personas más caritativas de la historia.

Katha Upanishad – Uno de los principales Upanishads, en el que un joven viaja para encontrarse con Yama, el Señor de la Muerte. Yama responde a las preguntas que le hace el joven sobre el Ser.

Kauravas – Los 100 hijos de Dhritharasthtra y Gandhari, de los cuales Duryodhana, carente de rectitud, era el mayor. Los Kauravas eran los enemigos de sus primos, los virtuosos Pandavas, que lucharon en la Guerra Mahabharata.

Krishna – La principal encarnación de Vishnu. Nació en el seno de una familia real, pero creció con unos padres adoptivos y vivió como un joven pastor de vacas en Brindavan. Allí fue adorado y amado por sus devotos compañeros, las gopis y los gopas (pastores de vacas). Krishna llegó a ser el gobernador de Dwaraka. Fue amigo y consejero de sus primos, los Pandavas, especialmente de Arjuna, a quien sirvió como auriga durante la Guerra Mahabharata, y a quien le reveló sus enseñanzas recogidas en la *Bhagavad Gita*.

lila – Juego divino.

Mahabharata – Una de las dos grandes epopeyas indias. La otra es el *Ramayana*. Es un gran tratado sobre *dharma* y espiritualidad. La historia aborda principalmente el conflicto entre los Pandavas y Kauravas y la gran batalla de Kurukshetra. Fue escrita por el sabio Vyasa 3.200 años antes de Cristo y está considerado el poema épico más largo del mundo, pues contiene unos 100.000 versículos. **maitri** – Afecto hacia todos los seres.

mamakara – Apego posesivo. El sentido de pertenencia o de "lo mío."

Mata Amritanandamayi Devi – El nombre monástico de Amma, que significa Madre de la Eterna Felicidad.

moksha – Liberación espiritual final.

mon – Nombre malayalam aplicado a "hijo." Amma lo susurra al oído de sus hijos mientras da *darshan*. *Mol* significa "hija."

Monte Kailas – Situado en la cordillera de los Himalayas. Es uno de los montes más visitados en peregrinaje sagrado. Tradicionalmente aparece en algunas Escrituras hindúes como la morada de Shiva.

mudra – Gesto físico con significado espiritual, a menudo expresado con las manos.

Namadev – Ardiente devoto del Señor que alcanzó las grandes cumbres de la Realización de Dios.

Om Amriteswaryai Namah – *Mantra* sagrado para los devotos de Amma, que significa: "Alabamos a la Diosa de la Inmortalidad (Amma)."

Om Namah Shivaya – Poderoso *mantra* que significa "Me inclino ante la Unidad Eternamente Auspiciosa."

Pandavas – Los cinco hermanos – Yudhisthira, Bhima, Arjuna, Nakula y Sahadeva – que fueron los hijos del Rey Pandu y los héroes de la epopeya *Mahabharata*.

pappadam – Pan delgado, redondo y crujiente.

paramartika satta – La realidad absoluta.

Parashakti – El Poder Supremo.

Parvati – Consorte del Señor Shiva.

Patanjali – Sabio de la antigua India, muy conocido por sus famosos Yoga Sutras.

prarabdha – Los frutos de acciones de vidas pasadas que están destinados a ser experimentados en esta vida presente.

prasad – Ofrenda bendita o regalo de una persona sagrada o de un templo. Suele ser algún alimento.

pratabhasika satta – La realidad aparente.

puja – Adoración ritual o ceremoniosa.

Rama – El héroe divino de la epopeya Ramayana. Una encarnación del Señor Vishnu, considerada como el ideal del *dharma* y la virtud.

rishis – Visionarios o sabios Auto-Realizados que experimentaron la Verdad Suprema, y la expresaron a través de las composiciones más antiguas y sagradas de la India: los textos védicos.

sadhana – Práctica espiritual.

samadhi – Unidad con Dios. Un estado trascendental en el que uno pierde todo sentido de identidad individual.

Sanatana Dharma – "El Camino Eterno de la Vida." El nombre original y tradicional del Hinduismo.

sankalpa – Resolución divina.

sannyasi – Monje que ha hecho votos formales de renuncia (sannyasa). Tradicionalmente lleva hábito de color ocre que representa haber consumido todos los deseos. Su equivalente femenino es una sannyasini.

Satgurú – Un maestro espiritual Auto-Realizado.

satsang – Sat = verdad, ser; sanga = unirse a. Estar en compañía de los *Mahatmas*. También escuchar un debate o charla espiritual.

seva – Servicio desinteresado que se dedica a Dios.

shanti – Paz.

Sita – La consorte sagrada de Rama. En la India está considerada como el ideal femenino.

Srimad Bhagavatam – Ver *Bhagavatam*. Srimad significa "auspicioso."

Sudama – Piadoso Brahmin y amigo de infancia de Krishna.

Sudhamani – El nombre que se dio a Amma, que significa "Pura joya."

tabla – Pequeño tambor indio.

tantra – Sistema de adoración para obtener las bendiciones de un alto poder. El énfasis se coloca en los *mudras* más que en los *mantras*.

tapas – Austeridades, penitencias.

Tiruvannamallai – Ciudad a los pies de la colina sagrada de Arunachala, donde vivió Ramana Maharshi. Está situada en el estado de Tamil Nadu, al Sur de la India.

Tulsidas – Poeta y santo indio, famoso por su composición del *Ramayana* en lengua hindi.

udarah – Noble.

Upanishad – La parte final de los textos védicos donde se aborda la filosofía de la No-dualidad.

vasana – Tendencias latentes o deseos sutiles de la mente que se manifiestan como acciones o hábitos.

Védico – Perteneciente a las Escrituras de los antiguos Vedas.

vyavaharika satta – Realidad relativa.

yagna – Adoración sin expectativas de obtención de beneficios personales.

Yagnavalkya – Gran sabio que está considerado como uno de los principales especialistas en los Vedas y los Upanishads. Fue Gurú del Rey Janaka.

Yashoda – Madre adoptiva de Krishna.

yoga – "Unir." Unión con el Ser Supremo. En sentido amplio se refiere a los distintos métodos de práctica para alcanzar la unidad con la Divinidad. Un camino que conduce a la Auto-realización.

Yogi – Aquel que ha alcanzado el estado último del Yoga.

www.ingramcontent.com/pod-product-compliance
Lightning Source LLC
LaVergne TN
LVHW050044090426
835510LV00043B/2869